地下管线档案信息管理 100问

姜中桥 刘志清 周健民 黄伟明 编著

中国建筑工业出版社

图书在版编目（CIP）数据

地下管线档案信息管理 100 问/姜中桥等编著．—北京：中国建筑工业出版社，2006
 ISBN 7-112-08332-X

Ⅰ．地… Ⅱ．姜… Ⅲ．市政工程-地下管道-技术档案-档案管理-问答 Ⅳ．G275.3-44

中国版本图书馆 CIP 数据核字（2006）第 049343 号

地下管线档案信息管理 100 问
姜中桥 刘志清 周健民 黄伟明 编著
*
中国建筑工业出版社出版、发行（北京西郊百万庄）
新 华 书 店 经 销
北京密云红光制版公司制版
北京云浩印刷有限责任公司印刷
*

开本：850×1168 毫米 1/32 印张：4⅝ 字数：122 千字
2006 年 5 月第一版 2006 年 5 月第一次印刷
印数：1—4000 册 定价：**10.00** 元
ISBN 7-112-08332-X
（14286）
版权所有 翻印必究
如有印装质量问题，可寄本社退换
（邮政编码 100037）

本社网址：http://www.cabp.com.cn
网上书店：http://www.china-building.com.cn

本书是为配合建设部于 2005 年 1 月颁发的《城市地下管线工程档案管理办法》（第 136 号令）的顺利实施而编写的。它结合当前地下管线档案信息管理工作可能遇到的问题，以一问一答的形式，深入浅出地介绍了地下管线规划管理、建设管理、竣工测量、管线图编绘、普查普测、计算机管理、档案管理、档案利用与服务等方面的相关知识，目的是使读者，特别是建设、施工、地下管线产权单位以及城建档案管理机构的技术人员，能够快速准确地掌握原理、把握方法，增强操作技能，有效地开展地下管线档案信息管理工作，为城市建设提供服务。

本书可供城市建设管理人员、地下管线建设单位、专业管线管理单位、地下管线施工单位、工程测量单位及档案管理部门的工程技术人员、管理人员及档案工作者参考使用。

＊　　＊　　＊

责任编辑：孙玉珍
责任设计：崔兰萍
责任校对：张树梅　孙　爽

前　言

　　城市地下管线是城市基础设施的重要组成部分，是发挥城市功能、确保城市经济和社会健康、协调发展的物质基础，被称为城市的"血管"和"神经"。近年来，随着城镇化进程的加快和城市建设的快速发展，一些地方在工程建设中挖断地下管线，停水停电、煤气泄漏甚至爆炸、交通阻断等事故屡有发生，严重影响了生产生活的正常秩序，造成重大经济损失。而地下管线档案集中统一管理和查询服务工作的缺失，是地下管线事故的原因之一。因此收集、管理、利用好地下管线档案信息，对避免地下管线事故具有重要意义。

　　为加强地下管线档案管理，建设部于2005年1月颁发了《城市地下管线工程档案管理办法》（第136号令），全国各地积极行动起来，认真贯彻部令，采取各种措施，加强地下管线档案工作。而如何收齐、管好地下管线档案，成为大家普遍面临的一个问题。

　　本书以城市建设管理人员、地下管线建设单位、专业管线管理单位、地下管线施工单位、工程测量单位及档案管理部门的工程技术人员、管理人员及档案工作者为读者群体，结合实际，以一问一答的形式，深入浅出地介绍了地下管线规划管理、建设管理、竣工测量、管线图编绘、普查普测、计算机管理、档案管理、档案利用与服务等方面的相关知识，目的是使读者，特别是建设、施工、地下管线产权单位以及城建档案管理机构的技术人员，能够快速准确地掌握原理，把握方法，增强操作技能，有效地开展地下管线档案工作。

　　由于作者水平有限，书中难免有不妥之处，敬请广大读者和专家批评指正。

目 录

一、地下管线基本知识 …………………………………… 1
  1. 什么是地下管线工程？它的基本内容是什么？ ……… 1
  2. 地下管线有多少种类及其特点？ ……………………… 1
  3. 各种管线在地下是怎样排放的？ ……………………… 2
  4. 各种管线在路面是如何布局的？ ……………………… 2

二、地下管线规划、建设与管理 ………………………… 4
  5. 地下管线规划、建设和管理工作有
    哪些法律法规和技术标准？ …………………………… 4
  6. 地下管线建设是否需要申请规划审批？
    其主要程序有哪些？ …………………………………… 6
  7. 地下管线建设是否需要申请开工审批？
    其主要程序有哪些？ …………………………………… 7
  8. 为什么要求规划报批及施工前查询地下管线档案？
    不查询要承担什么责任？ ……………………………… 9
  9. 地下管线在综合规划时的一般要求是什么？ ………… 9
  10. 什么是综合管沟？它有什么特点？ ………………… 10
  11. 如何进行地下管线工程竣工备案？ ………………… 12
  12. 施工中发现不明管线怎么办？ ……………………… 13
  13. 地下管线覆土前为什么必须执行竣工测量制度？ … 13

三、地下管线档案管理的有关规定 ……………………… 15
  14. 地下管线档案工作有哪些法规、
    规章和技术标准？ …………………………………… 15

15. 为什么各级建设行政主管部门负责城市地下管线
    档案管理工作而不是国家档案局? 16
16. 为什么县级以上城市的地下管线档案工作主管
    部门有建设主管部门,也有规划主管部门,
    到底是哪一个部门主管的? 17
17. 什么是告知制度? 17
18. 什么是地下管线档案预验收制度? 18
19. 为什么地下管线档案要向城建档案馆移交? 18
20. 建设单位向城建档案馆移交的地下管线
    档案包括哪些内容? 21
21. 向城建档案馆移交的地下管线档案
    要求达到什么标准? 24
22. 建设单位向城建档案馆移交档案的
    时限是如何规定的? 24
23. 地下管线专业管理单位应向城建档
    案馆移交哪些资料? 25
24. 工程测量单位应向城建档案馆移交
    哪些资料? 25
25. 不移交地下管线档案会受到什么处罚? 26
26. 一旦发生地下管线事故,造成生命财产
    损失,责任如何判定? 26
27. 向城建档案馆移交地下管线档案有哪些好处? 27

四、地下管线竣工测量与管线图的编绘 28
28. 地下管线竣工测量的主要工作有哪些? 28
29. 地下管线测量应采用什么样的平面
    坐标系统和高程系统? 28
30. 什么是地下管线现况调绘? 28
31. 什么是地下管线数字测绘? 28
32. 地下管线的测量委托有什么要求? 29

33. 地下管线施测要求有哪些？ …………………… 29
34. 地下管线竣工图图幅的规格是如何规定的？ ……… 30
35. 地下管线竣工图包括哪些内容？ ………………… 31
36. 如何绘制纵断面图？ ……………………………… 32
37. 如何绘制横断面图？ ……………………………… 32
38. 什么是地下管线平面综合图？如何绘制？ ……… 34
39. 施工图直接转作竣工图的条件是什么？
    如何转作竣工图？ ………………………………… 34
40. 利用施工图改绘竣工图的条件是什么？
    如何改绘？ ………………………………………… 34
41. 利用施工图改绘竣工图经常发生的质量
    问题有哪些？正确做法是什么？ ………………… 35
42. 什么情况下需要重新绘制竣工图？ ……………… 36
43. 如何绘制专业管线图？ …………………………… 37
44. 城市综合地下管线图包括哪些内容？ …………… 38
45. 综合地下管线图的绘制要求是什么？ …………… 38

五、地下管线档案管理 …………………………… 48
46. 各单位档案人员收集地下管线档案
    应遵循哪些基本原则？ …………………………… 48
47. 专业管线管理单位和建设、施工单位收集
    地下管线档案的内容是什么？ …………………… 49
48. 城建档案管理机构收集地下管线档案
    的范围是什么？ …………………………………… 50
49. 专业管线管理单位收集地下管线档案
    应采取什么方法？ ………………………………… 50
50. 建设单位、施工单位收集地下管线档案
    应采取什么方法？ ………………………………… 51
51. 城建档案管理机构收集地下管线档案
    应采取什么方法？ ………………………………… 53

52. 城建档案馆如何开展地下管线档案
    业务指导工作? ·· 55
53. 地下管线档案整理工作包括哪些内容? ················ 58
54. 地下管线档案整理的基本原则是什么? ··············· 60
55. 地下管线档案如何分类? ·································· 61
56. 地下管线档案如何立卷? ·································· 63
57. 地下管线档案如何编目? ·································· 67
58. 地下管线档案如何著录? ·································· 68
59. 地下管线档案如何保管和存放? ························· 75
60. 什么是地下管线档案鉴定?如何鉴定? ··············· 78

六、**地下管线普查普测** ·· 80
61. 地下管线普查主要包括哪些工作? ····················· 80
62. 地下管线普查主要遵循哪些标准规范? ··············· 82
63. 地下管线普查的基本工作程序是什么? ··············· 82
64. 地下管线普查成果验收的主要内容是什么? ········ 85
65. 地下管线探测应采取哪些安全保护措施? ··········· 85
66. 地下管线探测的取舍标准是什么? ····················· 86
67. 金属管线和非金属管线探查方法有什么区别? ···· 87
68. 什么叫测量管线点? ··· 87
69. 地下管线建(构)筑物和附属设施有哪些? ········ 87
70. 什么是地下管线成果表? ·································· 88
71. 地下管线探查的主要工作有哪些? ····················· 88
72. 怎样对地下管线探查工作质量进行检验? ··········· 89
73. 地下管线探测成果的质量等级是如何划分的? ···· 89
74. 地下管线探测报告书和普查成果验收报告书
    应包括哪些内容? ·· 90
75. 地下管线普查成果合格的验收标准是什么? ········ 91
76. 地下管线普查成果资料的整理有哪些要求? ········ 92

七、地下管线信息计算机管理 …………………………… 94
   77. 什么是地下管线资料动态管理？…………………… 94
   78. 什么是地下管线信息管理系统？…………………… 95
   79. 针对地下管线信息管理系统数据的
       主要标准规范有哪些？……………………………… 96
   80. 地下管线信息管理系统应具备
       哪些功能？…………………………………………… 96
   81. 地下管线信息管理系统建设要经过
       哪些工作阶段？……………………………………… 97
   82. 地下管线信息管理系统报告书
       应包括哪些内容？…………………………………… 99

八、地下管线档案信息的利用与服务 ………………… 100
   83. 专业管线管理单位和建设单位如何开展
       地下管线档案利用服务工作？…………………… 100
   84. 到城建档案管理机构查阅地下管线
       档案有哪些规定？………………………………… 100
   85. 城建档案管理机构如何开展对外
       利用服务工作？…………………………………… 101
   86. 到城建档案管理机构查阅地下
       管线档案是否收费？……………………………… 102
   87. 地下管线档案的保密制度包括哪些内容？……… 102

九、各地地下管线档案信息管理的经验 ……………… 104
   88. 目前地下管线档案工作搞得较好的
       城市有哪些？……………………………………… 104
   89. "天津市地下空间规划管理信息中心"
       是如何开展工作的？……………………………… 104
   90. 为保证各部门协调配合，共同搞好地下管线档案
       动态管理，济南市采取了怎样的协调机制？…… 106

91. 厦门市地下管线动态管理的主要成就和经验有哪些? ……… 106

92. 杭州市在地下管线档案管理方面近几年的主要做法有哪些? ……… 108

93. 长沙市出台《长沙市城市地下管线工程档案管理条例》的主要经验有哪些? ……… 110

94. 大连市城建档案馆地下管线普查工作创出了一条怎样的新路子? ……… 111

95. 深圳市地下管线档案信息管理系统建设的基本情况和主要经验是什么? ……… 113

96. 保定市"GIS地下综合管网信息管理系统"的两级构架管理方式是怎样运行的? ……… 114

97. 湖北省谷城县城建档案馆是如何通过艰苦努力,开展起全县地下管线普查的? ……… 115

98. 山东省莱芜市和威海市地下管线信息管理的运行模式有何特点? ……… 117

99. 广东省中山市是如何把地下管线工程档案管理纳入规划管理程序的? ……… 118

100. 山西省长治市是如何在经济不发达的条件下实现地下管线现代化管理的? ……… 120

附录1 城市地下管线工程档案管理办法
（建设部令第136号） ……… 122

附录2 城市地下空间开发利用管理规定
（建设部令第108号） ……… 126

附录3 城市建设档案管理规定（建设部令第90号） ……… 131

主要参考文献 ……… 135

一、地下管线基本知识

1. 什么是地下管线工程？它的基本内容是什么？

地下管线工程是指各类铺设在地下的管线及相关的人防、地铁等工程，包括：城市供水、排水（雨水、污水）、燃气（煤气、天然气、液化石油气）、热力、电力、电信、广播电视、照明电缆、工业管道等地下（沟）道和电缆管线，防空地下通道、地下铁路等交通廊道，及其他穿越公用道路的输送排放工业生产各种物料的专业性管道。它们担负着城市生产生活所需能源的输送及废物、废料输出和通信信息资源传送的工作，是城市基础设施的重要组成部分，是城市赖以生存和发展的基础，同时也是城市规划、建设和管理的重要基础信息。

地下管线工程除埋设于地下的管线外，一般都伴随有管线的建（构）筑物和附属设施。

2. 地下管线有多少种类及其特点？

地下管线主要有七类：

（1）给水管道：包括生活用水、消防用水、工业给水输配水管道等。其材质主要有铸铁管、钢管、钢筋混凝土管、塑料管等。使用最广泛的为铸铁管，分承插口和法兰口两种。直径在150mm以下的管道广泛使用钢管。

（2）排水管道：包括雨水管道、污水管道、雨污合流管道、工业废水等各种管道，特殊地区还包括与其工程衔接的明沟（渠）盖板河等。按其材质分类主要有钢筋混凝土管、混凝土管、铸铁管、石棉水泥管、陶土管、陶瓷管、砖石沟等；排水管道除了预制的圆形管外，还有现场砌筑的非圆形沟道，有方沟、拱形沟、马蹄形沟、卵形沟等。

(3) 燃气管道：包括煤气管道、天然气管道、液化石油气等的输配管道。燃气管道多为钢管，主要有无缝钢管和焊接钢管；其次有承插铸铁管。

(4) 热力管道：包括热水管道、热气管道等。地下热力管道其敷设方式为管沟和直埋两种，在其上有保护层（隔热层）。

(5) 电力管线：包括动力电缆管线、照明电缆、路灯、电车等各种输配电力电缆等，其敷设方式有直埋（或穿管）、管块和管沟三种方式。

(6) 电信管线：包括市话管道、长话管道、广播管线、光缆管线、电视管线、军用通信管线、铁路及其他各种专业通信设施的管线，其敷设方式同于电力电缆。

(7) 工业管道：包括氧气、乙烯、液体燃料、重油、柴油、氯化钾、丙烯、甲醇、工业排渣、排灰等管道。

3．各种管线在地下是怎样排放的？

地下管线在地下的竖向排放按国家技术规范和行业规定，自地面向下的排列次序为：通信（广电）管线、电力管线、热力管线、燃气管线、给水管线、雨水管线、污水管线。各种管线在地下的排放应遵循下列原则：

(1) 临时性管线让永久性管线；
(2) 支管让干管；
(3) 易弯曲管线让不易弯曲管线；
(4) 压力管让重力管；
(5) 小口径管让大口径管；
(6) 技术要求低的管线让技术要求高的管线。

4．各种管线在路面是如何布局的？

地下管线的位置由道路边线向道路中心线排列次序应当遵循下列规定：

道路横断面为一块板时：路东或者路北为电力管线、路灯管线、给水配（输）水管线、雨水管线；路西或者路南为通信管线、路灯管线、燃气管线、污水管线。

道路横断面为两块板时：路东或者路北为电力管线、路灯管线、给水输水管线、雨水管线；路西或者路南为给水配水管线、通信管线、路灯管线、燃气管线、污水管线；道路横断面为两块板且单侧车行道宽度超过 12m 以上的，可在另一车行道内增加给水输水管线、给水配水管线、雨水管线、污水管线。

道路横断面为三块板以上（含三块板）时：路东或者路北为电力管线、给水配（输）水管线、雨水管线、污水管线、路灯管线；路西或者路南为给水配（输）水管线、通信管线、燃气管线、雨水管线、污水管线、路灯管线。

二、地下管线规划、建设与管理

5. 地下管线规划、建设和管理工作有哪些法律法规和技术标准？

涉及地下管线规划、建设和管理工作的法律法规和技术标准主要有：

（1）涉及地下管线规划、建设和管理工作的法律法规有：

法 律 名 称	文 号	颁布日期
中华人民共和国城市规划法	主席令第23号	1989/12/26
中华人民共和国建筑法	主席令第91号	1997/11/01
中华人民共和国测绘法	主席令第75号	2002/08/29
中华人民共和国土地管理法	主席令第8号	1998/08/29
中华人民共和国环境保护法	主席令第22号	1989/12/26
中华人民共和国安全生产法	主席令第70号	2002/06/29
中华人民共和国招标投标法	主席令第21号	1999/08/30
行政法规名称	**文 号**	**颁布日期**
建设工程安全生产管理条例	国务院令第393号	2003/11/24
建设工程勘察设计管理条例	国务院令第293号	2000/09/25
建设工程质量管理条例	国务院令第279号	2000/01/30
城市供水条例	国务院令第158号	1994/07/19
部门规章名称	**文 号**	**颁布日期**
城市规划编制办法	建设部令第146号	2005/12/31
城市蓝线管理办法	建设部令第145号	2005/12/20
城市黄线管理办法	建设部令第144号	2005/12/20
城市地下管线工程档案管理办法	建设部令第136号	2005/01/07

续表

部门规章名称	文　号	颁布日期
房屋建筑和市政基础设施工程施工图设计文件审查管理办法	建设部令第134号	2004/08/23
房屋建筑和市政基础设施工程施工分包管理办法	建设部令第124号	2004/02/03
城市紫线管理办法	建设部令第119号	2003/12/17
工程建设项目施工招标投标办法	七部委令第30号	2003/03/08
建设工程勘察质量管理办法	建设部令第115号	2002/12/04
城市地下空间开发利用管理规定	建设部令第108号	2001/11/20
建筑工程施工许可管理办法	建设部令第91号	2001/07/04
城市建设档案管理规定	建设部令第90号	2001/07/04
房屋建筑和市政基础设施工程施工招标投标管理办法	建设部令第89号	2001/06/01
建设工程监理范围和规模标准规定	建设部令第86号	2001/01/17
建筑工程设计招标投标管理办法	建设部令第82号	2000/10/18
实施工程建设强制性标准监督规定	建设部令第81号	2000/08/25
房屋建筑工程和市政基础设施工程竣工验收备案管理暂行办法	建设部令第78号	2000/04/04

（2）技术标准主要有：

标准编号	标准名称
GB 50069—2002	给水排水工程构筑物结构设计规范
GB/T 50106—2001	给水排水制图标准
GB 50300—2001	建筑工程施工质量验收统一标准
GB/T 50323—2001	城市建设档案著录规范
GB/T 50328—2001	建设工程文件归档整理规范
GB 50318—2000	城市排水工程规划规范
GB 50299—1999	地下铁道工程施工及验收规范
GB 50236—98	现场设备、工业管道焊接工程施工及验收规范

续表

标准编号	标准名称
GB 50282—98	城市给水工程规划规范
GB 50289—98	城市工程管线综合规划规范
GB 50235—97	工业金属管道工程施工及验收规范
GB 50268—97	给水排水管道工程施工及验收规范
GB 50157—2003	地铁设计规范
GBJ 125—89	给水排水设计基本术语标准
GBJ 301—88	建筑工程质量检验评定标准
GB 50027—2001	供水水文地质勘察规范
GB 50014—2006	室外排水设计规范
GB 50013—2006	室外给水设计规范
GB 50032—2003	室外给水排水和煤气热力工程抗震设计规范
CJJ 61—2003	城市地下管线探测技术规程
CJJ 89—2001	城市道路照明工程施工及验收规程
CJJ 8—99	城市测量规范
CJJ 73—97	全球定位系统城市测量技术规程
CJJ/T 78—97	供热工程制图标准
CJJ/T 68—96	城镇排水管渠与泵站维护技术规程
CJJ 56—94	市政工程勘察规范
CJJ 3—90	市政排水管渠工程质量检验评定标准
CJJ 33—2005	城镇燃气输配工程施工及验收规范
CJJ 6—85	排水管道维护安全技术规程

6. 地下管线建设是否需要申请规划审批？其主要程序有哪些？

地下管线建设需要申请规划审批。

根据中华人民共和国第 23 号主席令《中华人民共和国城市规划法》第三十二条规定，在城市规划区内新建、扩建和改建建筑物、构筑物、道路、管线和其他工程设施，必须持有关批准文件向城市规划行政主管部门提出申请,由城市规划行政主管部门根据城市规划提出的规划设计要求,核发建设工程规划许可证件。建设单位或者个人在取得建设工程规划许可证件和其他有关批准文件后,方可申请办理开工手续。

地下管线建设申请规划审批的办理程序或内容如下:

(1) 建设单位向城市规划管理部门报送申请办理地下管线《建设工程规划许可证》的有关材料:

1)《建设工程规划许可证申请表》;

2) 组织机构代码证副本、机构代码;

3) 建设项目的有效批准文件;

4) 1:500 或 1:1000 现势性地形图、现势性管线图,并在图纸上绘制初步路径方案,附详细文字说明;

5) 符合国家设计规范的施工图;

6) 设计部门提供的工程概(预)算书;

7) 其他有关图件。

(2) 城市规划管理部门对符合报建要求的发给《行政许可受理通知书》和行政许可申请材料接收凭证,所报项目进入审批环节;对不符合条件的发给《行政许可不予受理通知书》;需补正材料的,当场或五日内发给《行政许可补正材料通知书》。

(3) 对行政许可申请进行审查。

(4) 符合许可条件的,发给《建设工程规划许可证》;不符合许可条件的,发给《不予行政许可决定书》。

7. 地下管线建设是否需要申请开工审批?其主要程序有哪些?

地下管线工程建设需要申请开工审批。

根据建设部发布的《建筑工程施工许可管理办法》第二条规定,在中华人民共和国境内从事各类房屋建筑及其附属设施的建造、装修装饰和与其配套的线路、管道、设备的安装,以及城镇市政基础设施工程的施工,建设单位在开工前应当依照本办法的规定,向工程所在地的县级以上人民政府建设行政主管部门(简称发证机关）申请领取施工许可证。

地下管线建设审批的主要内容与程序是：

（1）建设单位向发证机关领取《建筑工程施工许可证申请表》。

（2）建设单位持加盖单位及法定代表人印鉴的《建筑工程施工许可证申请表》，并附如下的证明文件，向发证机关提出申请。

1）已经办理的该建筑工程用地批准手续。

2）在城市规划区的建筑工程，已经取得建设工程规划许可证。

3）施工场地已经基本具备施工条件，需要拆迁的，其拆迁进度符合施工要求。

4）已经确定施工企业。按照规定应该招标的工程没有招标，应该公开招标的工程没有公开招标，或者肢解发包工程，以及将工程发包给不具备相应资质条件的，所确定的施工企业无效。

5）满足施工需要的施工图纸及技术资料，施工图设计文件已按规定进行了审查。

6）保证工程质量和安全的具体措施。施工企业编制的施工组织设计中有根据建筑工程特点制定的相应质量、安全技术措施，专业性较强的工程项目编制了专项质量、安全施工组织设计，并按照规定办理了工程质量、安全监督手续。

7）按照规定应该委托监理的工程已委托监理。

8）建设资金已经落实。建设工期不足一年的，到位资金原则上不得少于工程合同价的50%；建设工期超过一年的，到位资金原则上不得少于工程合同价的30%。建设单位应当提供银行出具的到位资金证明，有条件的可以实行银行付款保函或者其他第三方担保。

9）法律、行政法规规定的其他条件。

（3）发证机关在收到建设单位报送的《建筑工程施工许可证申请表》和所附证明文件后，对于符合条件的，应当自收到申请之日起十五日内颁发施工许可证；对于证明文件不齐全或者失效的,应当限期要求建设单位补正,审批时间可以自证明文件补正齐全后作相应顺延;对于不符合条件的,应当自收到申请之日起十五日内书面通知建设单位,并说明理由。

(4)建筑工程在施工过程中,建设单位或者施工单位发生变更的,应重新申请领取施工许可证。

8. 为什么要求规划报批及施工前查询地下管线档案?不查询要承担什么责任?

一方面,根据中华人民共和国建设部第136号令,即《城市地下管线工程档案管理办法》第四、五条规定,建设单位在申请领取建设工程规划许可证前,应当到城建档案管理机构查询施工地段的地下管线工程档案,取得该施工地段地下管线现状资料;建设单位在申请领取建设工程规划许可证时,应当向规划主管部门报送地下管线现状资料。另一方面,经过20多年的建设,各城建档案机构已经收集了大量的城市地下管线档案,有的还成为本市地下管线管理的信息中心,在规划报批及施工前到城建档案管理机构查询施工地段的地下管线工程档案,取得该施工地段地下管线现状资料,可以在很大程度上避免挖断地下管线的现象,确保公众安全和人民群众的正常生活。

根据《城市地下管线工程档案管理办法》第十九条规定:建设单位和施工单位未按照规定查询和取得施工地段的地下管线资料而擅自组织施工,损坏地下管线给他人造成损失的,依法承担赔偿责任。

9. 地下管线在综合规划时的一般要求是什么?

地下管线在综合规划时应考虑这几方面的要求:

(1)城市工程管线综合规划应重视近期建设规划,并应考虑远景发展的需要;

(2)城市工程管线综合规划应结合城市的发展合理布置,充分利用城市地上、地下空间;

（3）城市工程管线综合规划应与城市道路交通、城市居住区、城市环境、给水工程、排水工程、热力工程、电力工程、燃气工程、电信工程、防洪工程、人防工程等专业规划相协调；

（4）城市工程管线综合规划除执行《城市工程管线综合规划规范》（GB 50289—98）外，尚应符合国家现行有关标准、规范的规定。

10. 什么是综合管沟？它有什么特点？

（1）综合管沟

综合管沟就是在城市地下建造一个隧道空间，将市政、电力、通信、燃气、给水排水等各种管线集于其中，并设有专门的检修口、吊装口和监测系统，实施统一规划、设计和管理。根据综合管沟的性质和结构，其大致可区分为干线综合管沟、支线综合管沟、缆线综合管沟、干支线混合综合管沟等四种。

干线综合管沟一般设置于机动车道或道路中央下方，主要输送原站（如自来水厂、发电厂、燃气制造厂等）到支线综合管沟，一般不直接服务沿线地区。其主要收容的管线为电力、通信、自来水、燃气、热力等管线，有时根据需要也将排水管线收容在内。在干线综合管沟内，电力从超高压变电站输送至一、二次变电站；通信主要为转接局之间的信号传输；燃气主要为燃气厂至高压调压站之间的输送。干线综合管沟的断面通常为多格箱形，综合管沟内一般要求设置工作通道及照明、通风等设备。其主要特点为：系统稳定、大流量运输、高度安全、内部结构紧凑，兼顾直接供给到稳定使用的大型用户（一般需要专用的设备），管理及运营比较简单等。

支线综合管沟主要负责将各种供给从干线综合管沟分配、输送至各直接用户。其一般设置在道路的两旁，收容直接服务的各种管线。支线综合管沟的断面以矩形较为常见，一般为单格或双格箱形结构。综合管沟内一般要求设置工作通道及照明、通风等设备。其主要特点为：有效（内部空间）断面较小；结构简单、施工方便；设备多为常用定型设备；一般不直接服务大型用户。

缆线综合管沟主要负责将市区架空的电力、通信、有线电视、道路照明等电缆收容至埋地的管道。缆线综合管沟一般设置在道路的人行道下面，其埋深较浅，一般在1.5m左右。缆线综合管沟的断面以矩形断面较为常见，一般不要求设置工作通道及照明、通风等设备，仅增设供维修时用的工作手孔即可。

干支线混合综合管沟在干线综合管沟和支线综合管沟的优缺点的基础上各有取舍，一般适用于道路较宽的城市道路。

（2）综合管沟的特点

1）综合管沟的优点有：

①避免由于敷设和维修地下管线挖掘道路而对交通和居民出行造成影响和干扰，保持路容的完整和美观。

②降低了路面的翻修费用和工程管线的维修费用，增加了路面的完整性和工程管线的耐久性。

③便于各种工程管线的敷设、增设、维修和管理。

④由于综合管沟内工程管线布置紧凑合理，有效利用了道路下的空间，节约了城市用地。

⑤由于减少了道路的杆柱及各工程管线的检查井、室等，保证了城市的景观。

⑥由于架空管线一起入地，减少架空管线与绿化的矛盾。

2）综合管沟的缺点有：

①建设综合管沟不便分期修建。一次投资昂贵，而且各单位如何分担费用的问题较复杂。当管沟内敷设的工程管线较少时，管沟建设费用所占比重大。

②由于各工程管线的主管单位不同，不便管理。

③必须正确预测远景发展规划，以免造成容量不足或过大，致使浪费或在综合管沟附近再敷设地下管线，而这种预测较困难。

④在现有道路下建设时，现状工程管线与规划新建工程管线将花费较多费用而造成施工上的困难。

⑤各工程管线组合在一起，容易发生干扰事故，如电力管线打火就有引起燃气爆炸的危险，所以必须制定严格的安全防护措施。

11. 如何进行地下管线工程竣工备案？

根据建设部第 78 号令《房屋建筑工程和市政基础设施工程竣工验收备案管理暂行办法》第四、六、九条的规定，建设单位应当自工程竣工验收合格之日起 15 日内，向工程所在地的县级以上地方人民政府建设行政主管部门（简称备案机关）备案。建设单位办理工程竣工验收备案应当提交下列文件：

（1）工程竣工验收备案表；

（2）工程竣工验收报告，竣工验收报告应当包括工程报建日期，施工许可证号，施工图设计文件审查意见，勘察、设计、施工、工程监理等单位分别签署的质量合格文件及验收人员签署的竣工验收原始文件，市政基础设施的有关质量监测和功能性试验资料以及备案机关认为需要提供的有关资料；

（3）法律、行政法规规定应到有规划、公安消防、环保等部门出具的认可文件或者准许使用文件；

（4）施工单位签署的工程质量保修书；

（5）法规、规章规定必须提供的其他文件。

备案机关收到建设单位报送的竣工验收备案文件，验证文件齐全后，应当在工程竣工验收备案表上签署文件收讫。工程竣工验收备案表一式两份，一份由建设单位保存，一份留备案机关存档。建设单位在工程竣工验收合格之日起 15 日内未办理工程竣工验收备案的，备案机关责令限期改正，处 20 万元以上 30 万元以下罚款。

根据建设部第 90 号令《城市建设档案管理规定》第八条、第九条规定，建设单位在组织竣工验收前，应当提请城建档案管理机构对工程档案进行预验收，预验收合格后，由城建档案管理机构出具工程档案认可文件；建设单位在取得工程档案认可文件后,方可组织工程竣工验收。建设行政主管部门在办理竣工验收备案时,应当查验工程档案认可文件。

根据建设部第136号令《城市地下管线工程档案管理办法》第十条的规定,建设单位在地下管线工程竣工验收备案前,应当向城建档案管理机构移交一套符合规定的档案资料。

12. 施工中发现不明管线怎么办?

根据建设部第136号令,即《城市地下管线工程档案管理办法》第七条的规定,施工单位在施工中发现未建档的管线,应当及时通过建设单位向当地县级以上人民政府建设主管部门或者规划主管部门报告。建设主管部门、规划主管部门接到报告后,应当查明未建档的管线性质、权属,责令地下管线产权单位测定其坐标、标高及走向,地下管线产权单位应当及时将测量的材料向城建档案管理机构报送。

13. 地下管线覆土前为什么必须执行竣工测量制度?

地下管线竣工测量制度是指:地下管线工程覆土前,建设单位应当委托具有相应资质的工程测量单位,按照《城市地下管线探测技术规程》(CJJ 61)进行竣工测量,形成准确的竣工测量数据文件和管线工程测量图。

地下管线不同于地上建筑,它一旦覆土,就再也看不到其所在位置。覆土前测量的目的是为城市规划主管部门进行地下管线的规划管理以及各专业管线管理部门的管线建设、管理提供必需的地下管线基础信息,从而为整个城市地下管线的正常运行服务。其测量范围应是埋设在城市市区内的所有地下管线,包括给水、排水、燃气、热力、工业管道、电力、电信电缆以及厂矿、铁路、民航、航运、部队等专用管线。由此可见,城市地下管线竣工测量是加强城市规划的重要环节,是城市规划、建设和管理的基础资料,是地下管线安全运行的保证,是加强规划审批前后管理的重要环节。

开展地下管线竣工测量,全面系统地掌握地下管线现状,有利于合理开发利用地下空间,有利于地下工程的规划设计、施工及运行管理,有利于提高综合经济效益,并为制定切实可行、技术先进、经济合理的规划设计管理方案提供必需的基础资料。而在覆土前进行地下管线的竣工测量,有利于形成准确的竣工测量数据和管线工程测量图,从而为地下管线的管理奠定良好的基础。

《城市地下管线工程档案管理办法》(建设部令第136号)规定,工程测量单位未按照规定提供准确的地下管线测量成果,致使施工时损坏地下管线给他人造成损失的,依法承担赔偿责任。

三、地下管线档案管理的有关规定

14. 地下管线档案工作有哪些法规、规章和技术标准？

目前我国还没有专门的关于地下管线档案管理的法规，但在国务院令第279号发布的《建设工程质量管理条例》中，对档案管理已作出如下规定："建设单位应当严格按照国家有关档案管理的规定，及时收集、整理建设项目各环节的文件资料，建立、健全建设项目档案，并在建设工程竣工验收后，及时向建设行政主管部门或者其他有关部门移交建设项目档案。"也许有人会说"这种规定是针对建设项目、建设工程的，不是针对地下管线的"，这种说法是不正确的。因为，这里的"建设工程"已经包括了地下管线工程。《建设工程质量管理条例》第二条规定："本条例所称建设工程，是指土木工程、建筑工程、线路管道和设备安装工程及装修工程"，地下管线已包含在"建设工程"之中。

关于地下管线档案工作的部门规章是：建设部2005年1月7日发布、自2005年5月1日起施行的《城市地下管线工程档案管理办法》（建设部令第136号）。

关于地下管线工程档案管理的专门技术标准，目前还没有。但地下管线工程档案的归档范围、立卷归档与整理要求，已包含在建设部、国家质量技术监督总局2002年发布的国家标准——《建设工程文件归档整理规范》之中；地下管线工程档案的著录要求，已包含在建设部、国家质量技术监督总局2002年发布的国家标准——《城市建设档案著录规范》中。

15. 为什么各级建设行政主管部门负责城市地下管线档案管理工作而不是国家档案局？

《城市地下管线工程档案管理办法》（建设部令第136号）第三条规定："国务院建设主管部门对全国城市地下管线工程档案管理工作实施指导、监督。省、自治区人民政府建设主管部门负责本行政区域内的城市地下管线工程档案的管理工作，并接受国务院建设主管部门的指导、监督。县级以上城市人民政府建设主管部门或者规划主管部门，负责本行政区域内的城市地下管线工程档案的管理工作，并接受上一级建设主管部门的指导、监督。城市地下管线工程档案的收集、保管、利用等具体工作，由城建档案馆或者城建档案室（以下简称城建档案管理机构）负责。各级城建档案管理机构业务上同时接受同级档案行政管理部门的监督、指导。"

上述规定用简单明了的一句话概括就是：上自建设部，下到各县的各级建设（或规划）行政主管部门负责管理地下管线档案工作。为什么不是国家档案局？

在城建档案（包括地下管线档案）的管理上，建设部与国家档案局有着明确的分工，两者的关系，也即各级建设行政主管部门与各级档案行政主管部门的关系是：建设部门对城建档案工作负责领导和管理，档案部门负责业务监督与指导。为什么如此？第一，按照国务院1998年关于建设部工作职责、内设机构与人员编制的"三定"方案和国务院2003年关于建设部工作职责与机构人员的"三定规定"，建设部负责管理全国的城市建设档案工作。第二，国家《科技档案工作条例》第四章"科技档案工作管理体制"中第二十七条规定："科技档案工作必须按专业实行统一管理。国务院所属的各专业主管机关和省、自治区、直辖市人民政府所属的各专业主管机关，应当建立相应的档案机构，加强对所属企业、事业单位科技档案工作的领导。"第二十八条规定："大中城市应当建立城市基本建设档案馆，收集和保管本城市应当长期和永久保存的基本建设档案。"第三，许多党和国家领导人对建设行政管理部门领导和城建档案工作的管理体制作过明确肯定。

16. 为什么县级以上城市的地下管线档案工作主管部门有建设主管部门，也有规划主管部门，到底是哪一个部门主管的？

县级以上城市（包括直辖市）的地下管线档案工作到底是由城市建设主管部门负责，还是归规划主管部门负责，这是根据城建档案馆的隶属关系确定的。其含义是，城建档案馆（室）归建设行政主管部门领导，地下管线档案工作的负责部门就是建设主管部门；城建档案馆（室）归规划行政主管部门领导，地下管线档案工作的负责部门就是规划主管部门。

按照国务院"三定"方案，建设部负责全国城建档案的管理工作，各省、自治区建设厅负责本省的城建档案管理工作，这两级的城建档案管理体制十分清楚，但在城市（包括直辖市）这一层次上，建设行政职能被分解在城市建设主管部门、规划主管部门、房地产主管部门、市政公用主管部门等等，城建档案管理机构相应地被归口在不同的业务主管部门管理，但主要归口在建设主管部门和规划主管部门。从目前全国的情况看，城建档案管理机构归口建设主管部门的大约有 2/3，归口规划主管部门的大约有 1/3。正是由于这种情况，《城市地下管线工程档案管理办法》（建设部令第 136 号）规定："县级以上城市人民政府建设主管部门或者规划主管部门，负责本行政区域内的城市地下管线工程档案的管理工作"。

17. 什么是告知制度？

所谓告知制度，就是要求城建档案管理机构（即各地建设、规划行政主管部门所属的城建档案馆、城建档案室）在建设单位办理施工许可手续（或者规划许可手续）时，将工程竣工后需要移交的地下管线档案的内容和具体要求，告知建设单位。建立告知制度，目的是让建设单位在工程开工前就对需要向城建档案馆（室）移交的档案内容和要求一清二楚，并据此对工程档案工作做出具体部署和安排，保证工程竣工后向城建档案馆（室）移交地下管线档案。同时，也可促使工程档案工作与工程建设同步开展，确保档案真实、准确、系统，防止工程竣工后为应付城建档案管理部门而紧急编造。

18. 什么是地下管线档案预验收制度？

档案预验收制度是指要求地下管线工程建设单位在组织地下管线工程竣工验收前，要提请城建档案管理机构对地下管线工程档案的归档内容、整理立卷质量、签字盖章等情况进行专门的检查验收。如果验收通过，即可组织管线工程的全面竣工验收，验收没有通过，要进行整改，直到合格后方可组织工程验收。

实际上，这一制度并不是仅仅针对地下管线工程，而是对所有建设工程都适用的一项制度。建设部令第 90 号——《城市建设档案管理规定》第八条、第九条明确规定："列入城建档案馆档案接收范围的工程，建设单位在组织竣工验收前，应当提请城建档案管理机构对工程档案进行预验收。预验收合格后，由城建档案管理机构出具工程档案认可文件。""建设单位在取得工程档案认可文件后，方可组织工程竣工验收。建设行政主管部门在办理竣工验收备案时，应当查验工程档案认可文件"。

工程档案预验收制度是根据国务院《建设工程质量管理条例》第十六条关于工程竣工验收的条件和第十七条关于工程档案的移交的规定作出的。

19. 为什么地下管线档案要向城建档案馆移交？

主要有两方面原因：一是，国家法律法规要求向城建档案馆移交地下管线档案；二是，地下管线档案的特点决定了地下管线档案必须统一集中在城建档案馆管理。

城建档案馆是国家管理的档案馆。《中华人民共和国档案法》

规定:"中央和县级以上地方各级各类档案馆,是集中管理档案的文化事业机构,负责接收、收集、整理、保管和提供利用各分管范围内的档案";《中华人民共和国城市规划法》规定:"城市规划区内的建设工程,建设单位应当在工程竣工验收后六个月内向城市规划行政主管部门报送有关竣工资料";《科学技术档案工作条例》规定:"大中城市应当建立城市基本建设档案馆,收集和保管本城市应当长期和永久保存的基本建设档案";《建设工程质量管理条例》规定:"建设单位应当严格按照国家有关档案管理的规定,及时收集、整理建设项目各环节的文件资料,建立、健全建设项目档案,并在建设工程竣工验收后,及时向建设行政主管部门或者其他有关部门移交建设项目档案"。《城市地下管线工程档案管理办法》(建设部令第136号)规定:"建设单位在地下管线工程竣工验收备案前,应当向城建档案管理机构移交下列档案资料:(一)地下管线工程项目准备阶段文件、监理文件、施工文件、竣工验收文件和竣工图;(二)地下管线竣工测量成果;(三)其他应当归档的文件资料(电子文件、工程照片、录像等)。城市供水、排水、燃气、热力、电力、电信等地下管线专业管理单位应当及时向城建档案管理机构移交地下专业管线图。"

  地下管线不同于地上建筑,地上建筑一目了然,一个地块上只能有一个建筑,对一个建筑进行修建、改造,基本上不影响其他建筑的修建与改造。地下管线则不同,它深埋地下,不能一眼看穿,一个地块下面可能分层铺设着多种地下管线,新建一条管线或改动其中任何一条管线,就会影响到该地段其他所有管线的安全。为此,不少城市规划管理部门在核发工程规划许可证前,为弄清地下管线情况,要求建设单位跑遍给水、排水、燃气、热力等8~10家单位去查清地下情况,有的城市则在核发规划许可证前,把各地下管线专业管理单位全部召集过来,挨个排查,以弄清情况。从这个角度讲,如果地下管线档案不实行集中统一管理,即使给水、排水、燃气、热力等各类专业管线档案工作搞得再好、再现代化,也不能解决规划和建设的实际问题。这正像人们秋季保暖要穿用毛线织成的成件的毛衣一样,一条条毛线再柔韧、再漂亮,穿在身上也不能保暖。同样的道理,地下管线档案信息只有汇总在一起,实行集中统一管理,才便于利用,才具有实用价值。

我们已经明白地下管线档案为什么要实行集中统一管理,那么,由谁来进行集中统一管理更为合适?在一个城市,城建档案馆、测绘院、建设信息中心都有可能开展管线档案信息的集中统一管理,那么,哪一个机构更具优势,更能管理好地下管线档案信息呢?我们认为,由城建档案馆进行集中统一管理最为合适。理由有以下几点:

第一,城建档案馆接收和管理地下管线档案,具有法律和法规的依据。

第二,城建档案馆已经积累了大量地下管线档案资料,具有档案资源上的优势。各地城建档案馆从 20 世纪 80 年代初建立以来,积极努力,日积月累,收集了大量地下管线档案。与测绘院、信息中心等单位相比,它是本城市保存地下管线资料最多、最全的单位。如北京市现有各种地下管线主干道总长度约 3 万 km,北京市城建档案馆馆藏地下管线总长约 2.3 万 km,占全部管线的 77%,管线资源丰富程度居全市首位。此外,北京市城建档案馆还保存了北京市 1965、1975、1985 年开展的三次地下管线普查的所有成果。

第三,城建档案馆开展地下管线档案信息集中统一管理,具有馆库、人才等方面的优势。城建档案馆都建有专门的馆房,馆房面积县城一般在 500m^2 以上,小城市 1000m^2 以上,中等城市 2000m^2 以上,大城市 5000m^2 以上,北京、上海等大城市馆房面积都达到了 10000m^2。城建档案馆不仅馆库面积充裕,在管理上还配备了现代化的恒温恒湿自动监控系统、防盗灭火自动监控系统等,保管条件相当优越。在人才方面,各地城建档案馆既有工程技术人才,又有档案管理人才,近几年又增添了计算机管理人才。优越的保管条件和各种人才的配备，为城建档案馆实行地下管线档案信息集中统一管理提供了保证。

第四，城建档案馆集中统一管理地下管线档案信息，具有较高的稳定性和可靠性。地下管线档案属于一个城市的机密信息，因此对保管单位有严格要求。城建档案馆本身既是重要的保密单位，又属于公益性事业单位，主要经费来源是国家拨款，政府可以对其实行完全的控制。而各城市测绘院、信息中心等单位，基本上都已转轨为企业化管理，以经营测绘业务或网络信息发布等为主要收入来源，目标是实现企业利润，因而在保密可靠性和政府对它的可控制程度上会大打折扣。

20. 建设单位向城建档案馆移交的地下管线档案包括哪些内容？

总的说来，建设单位应当向城建档案管理机构移交三方面档案资料：①地下管线工程项目准备阶段文件、监理文件、施工文件、竣工验收文件和竣工图；②地下管线竣工测量成果；③其他应当归档的文件资料（电子文件、工程照片、录像等）。

具体说来，地下管线工程档案主要包括以下文件。

（1）在工程准备阶段，主要文件有：

1）立项文件，包括：项目建议书，项目建议书审批文件，可行性研究报告，可行性研究报告审批文件，与立项有关的会议纪要、领导讲话，专家建议文件，调查资料及项目评估资料等。

2）建设用地、征地、拆迁文件，包括：选址申请及选址意见书，用地申请报告，拆迁安置协议，建设用地规划许可证，划拨建设用地文件，国有土地使用证等。

3）勘察、测绘、设计文件，包括：工程地质勘察报告，水文地质勘察报告，自然条件、地震调查，建设用地钉桩和钉桩放线通知书，地形测量成果报告，规划设计条件和规划条件通知书，初步设计图纸和说明，技术设计图纸和说明，审定设计方案通知书及审查意见，设计计算书，施工图及其说明，施工图审查意见等。

4）招投标文件，包括：勘察招投标文件，勘察承包合同，测绘招投标文件，测绘承包合同；设计招投标文件，设计承包合同，施工招投标文件，施工承包合同，工程监理招投标文件，工程监理承包合同等。

5）开工审批文件，包括：施工计划申报文件，施工计划审批文件，工程规划许可申报文件，建设工程规划许可证，建设工程开工审查文件，建设工程施工许可证，固定资产投资许可证，工程质量监督登记表等。

6）财务文件，包括：工程投资估算材料，工程设计概算材料，施工预算书等。

7）建设、施工、监理机构及负责人材料，包括：工程项目管理机构（项目经理部）及负责人名单，工程项目监理机构（项目监理部）及负责人名单，工程项目施工管理机构（施工项目经理部）及负责人名单。

（2）监理文件

1）监理规划，包括：监理规划及实施细则；

2）监理月报、监理会议纪要；

3）进度控制文件，包括：开工/复工审批表，有关进度控制的监理通知等；

4）质量控制文件，包括：不合格项目通知、质量事故报告及处理意见，有关质量控制的监理通知等；

5）造价控制文件，包括：工程款报审与支付，工程变更费用报审表，工程竣工决算审核意见书，费用索赔审批表，有关造价控制的监理通知等；

6）合作单位资质文件，包括：分包单位资质材料，供货单位资质材料，试验等单位资质材料等；

7）监理工作总结，包括：专题总结、工程竣工总结等。

（3）施工文件

1）施工管理文件，包括：工程概况表、项目大事记、施工总结等；

2）施工技术文件，包括：工程技术文件报审表，施工技术交底记录，施工组织设计，施工方案等；

3）施工物资文件，包括：物资进场检验记录，产品出厂合格证或质量证明文件，材料试验报告，设备开箱检查记录，产品复试记录，工程物资汇总表等；

4）设计变更、工程洽商记录；

5）施工测量文件，包括：工程定位测量记录，基槽验线记录，沉降观测记录，竣工测量报告等；

6）施工试验文件，包括：回填土实验报告，压实度试验报告，抗压强度实验报告，抗渗实验报告等；

7）工程检查文件，包括：预检记录，隐蔽工程检查记录，交接检查记录等；

8）地基与基础施工文件；

9）工程施工检查记录；

10）功能性试验文件，包括管道强度、严密性试验记录等；

11）工程质量事故处理文件，包括：工程质量事故勘查报告，工程质量事故报告等；

12）工程质量检查验收文件；

13）竣工测量记录，包括：竣工测量记录，计算资料，竣工测量成果，测量技术总结报告等。

（4）地下管线工程竣工图

1）管线竣工图，包括：总平面图，平面图，纵横断面图，节点大样图，特殊处理图，开挖沟槽图和基础图，设计说明等；

2）附属构筑物竣工图，包括：检查井、小室、管沟的平面图、立面图、剖面图、构造图及设计说明等。

（5）竣工验收文件

1）工程竣工总结，包括：工程概况表，工程竣工总结等；

2）竣工验收记录，包括：工程质量评定表及报验表，竣工验收证明书，竣工验收报告，测量成果验收报告，竣工验收备案表，工程质量保修书等；

3）财务文件，包括：决算文件，交付使用财产总表和财产明细表等；

4）有关声像、缩微、电子资料等。

21. 向城建档案馆移交的地下管线档案要求达到什么标准？

移交标准为建设部与国家质量监督检验检疫总局 2002 年联合发布的国家标准——《建设工程文件归档整理规范》（GB/T 50328—2001）。基本要求有以下几点：

（1）按照归档范围，所有应归档的文件都应收集齐全；

（2）归档的文件应为原件，并且采用耐久性强的书写材料（如碳素墨水、蓝黑墨水）书写，纸张韧度大、耐久性强，字迹清楚、图表整洁，签字盖章手续完备；

（3）文件的内容必须真实、准确，与工程实际相符；

（4）竣工图均须加盖竣工图章；

（5）文件必须经过整理，组成案卷。

22. 建设单位向城建档案馆移交档案的时限是如何规定的？

《城市地下管线工程档案管理办法》（建设部令第 136 号）规定建设单位向城建档案管理机构移交地下管线档案的时限是：工程竣工验收备案前。

按照国家有关规定，地上建筑工程档案的移交时间是在工程竣工验收后 3 个月内，为什么地下管线要在备案前呢？这主要是由地下管线档案信息的特点决定的。地下管线档案信息的重要价值在于其综合性和实时性，过时的管线信息、不全面的管线信息，不但不会保证施工安全，反而会错误地引导施工，造成地下管线事故。只有综合的、实时动态的地下管线信息才具有利用价值。如果规定竣工后 3 个月才移交管线档案，一旦 3 个月内在该地段施工，挖断地下管线，将会形成找不出责任承担者的尴尬局面。

23. 地下管线专业管理单位应向城建档案馆移交哪些资料？

城市供水、排水、燃气、热力、电力、电信等地下管线专业管理单位应当及时向城建档案管理机构移交地下专业管线图。同时，对更改、报废、漏测部分的地下管线工程档案，要及时修改补充到专业管线图上，并向城建档案管理机构移交。

地下管线专业管理单位向城建档案馆移交专业管线图和更改图的时限没有具体规定，但规定要"及时"移交。这主要是考虑到各地下管线专业管理单位对专业管线档案信息的管理情况不一，同时，也考虑到地下管线的更改、报废时间具有不确定性。但是，从自身利益出发，为避免自己的管线被别人挖断，也为了一旦被挖断能找出责任承担者，各专业专线管理单位应尽快移交地下专业管线图和更改图。

24. 工程测量单位应向城建档案馆移交哪些资料？

工程测量单位要及时向城建档案管理馆移交有关地下管线工程的1：500城市地形图和控制成果。

为什么要求工程测量单位移交1：500城市地形图和控制成果呢？这是因为，在目前情况下，要搞好地下管线档案信息的管理，必须借助现代化管理手段，开发和使用"地下管网档案动态管理系统软件"来管理地下管网信息。这样的计算机管理系统必须以1：500（或1：1000）电子地形图作为基础背景。目前，各城市的地形图多数由规划行政主管部门管理的测绘院制作，测绘院大部分已经属于自收自支的企业或事业单位，除完成部分政府指令性的测绘任务、争取部分拨款外，主要是靠搞测绘业务、卖地形图来创收，解决职工的工资、福利、医疗、社会保障等问题。随着城市的不断变化，地形图要不断测量并更新，大约3年就需要更新一次。为了保证城市地形测量、控制测量等基础测绘工作，国家定期给测绘院部分财政拨款。既然国家投资开展了城市地形测量、控制测量，因此，城市地形图和控制测量成果，国家有权无偿利用。城建档案馆从国家利益出发，建立"地下管网档案信息综合动态管理系统"，代表国家维护城市地下管线的安全，各级政府和工程测量单位有责任为其提供1:500城市地形图和控制成果。

对于工程测量单位移交来的地形图和控制成果，按照《城市地下管线工程档案管理办法》（建设部令第136号）的规定，城建档案管理机构只能用于维护国家利益的地下管线档案信息的动态管理，不得为谋取利益而出售或转让。

25. 不移交地下管线档案会受到什么处罚？

如果地下管线工程建设单位不按规定移交地下管线档案，将由建设行政主管部门予以责令改正，并处以1万元以上10万元以下的罚款，对单位直接负责的主管人员和其他直接责任人员，将处以单位罚款数额的5%以上10%以下的罚款。

如果地下管线专业管理单位不按规定移交地下管线档案（主要是专业管线图和更改图），将由建设行政主管部门责令改正，并处以1万元以下的罚款。

26. 一旦发生地下管线事故，造成生命财产损失，责任如何判定？

根据情况不同，责任要区别对待。

如果由于建设单位和施工单位未按规定在开工前到当地城建档案馆（室）查询施工地段的地下管线资料，擅自组织施工，造成地下管线损失的，建设单位和施工单位要依法承担赔偿责任，情节严重的，还要承担相应刑事责任。

如果地下管线建设单位未按规定移交地下管线工程档案，新的建设单位、施工单位到城建档案馆查询，没有发现该地段有地下管线，因而放心开挖，但在施工过程中挖出地下管线，损坏地下管线的，新的建设单位、施工单位不承担赔偿责任，未移交该地下管线档案的建设单位损失自负。

如果地下管线专业管理单位未按规定移交地下管线工程档

案，新的建设单位、施工单位到城建档案馆查询，没有发现该地段有地下管线，但在施工过程中挖断地下管线的，新的建设单位、施工单位不承担赔偿责任，未移交该地下管线档案的地下管线专业管理单位损失自负。

如果建设单位、施工单位开工前已到城建档案管理机构查询，取得了施工地段的地下管线现状资料，并按现状资料进行施工，但由于现状资料不准确，造成挖断、挖坏了地下管线的事故，这时就需要进一步甄别责任。如果是由于工程测量单位提供的地下管线测量成果不准确，工程测量单位要依法承担赔偿责任；如果是因为城建档案管理机构汇总管线信息资料错误，城建档案管理机构要依法承担赔偿责任。

如果建设单位、地下管线专业管理单位已经向城建档案管理机构移交了地下管线档案，但由于城建档案管理机构保管不善，致使档案丢失的，城建档案管理机构要依法承担赔偿责任；对有关责任人员，还要依法给予行政处分；按《档案法》规定，构成犯罪的，还要追究刑事责任。

27. 向城建档案馆移交地下管线档案有哪些好处？

无论是建设单位，还是地下管线专业管理单位，向城建档案馆移交地下管线档案都具有以下四方面好处：

第一，可以最大程度地避免自己的地下管线被别人挖断、挖坏；

第二，一旦自己的管线被损坏，可以查清责任，得到经济赔偿；

第三，一旦损坏别人的管线，可以查清责任，减少甚至不需要经济赔偿；

第四，可以方便快捷地查到自己施工地段的地下管线现状资料，避免损坏别人的管线。

四、地下管线竣工测量
与管线图的编绘

28. 地下管线竣工测量的主要工作有哪些?

地下管线测量是地下管线覆土前的一项重要工作,这部分工作主要内容有:控制测量、地形图检测和修测、管线点测量、测量成果的检查验收、综合管线图编绘、专业管线图编绘、管线横断面图编绘等。

29. 地下管线测量应采用什么样的平面坐标系统和高程系统?

对地下管线测量采用的平面和高程系统问题,《城市地下管线探测技术规程》有强制性执行条款。城市地下管线测量采用的平面坐标系统和高程系统必须与本城市的平面和高程系统一致;如果厂区或住宅小区地下管线测量采用的坐标系统与本市系统不一致时,应与本市坐标系统建立换算关系。

30. 什么是地下管线现况调绘?

地下管线现况调绘是地下管线探测之前进行的一项前期准备工作,主要是广泛收集已有的各种综合管线和各专业管线资料,包括管线设计、施工、竣工资料。经过整理后把已有的管线资料情况展绘在大比例尺地形图上,注明管线的权属单位、管线种类、规格、材质、埋设时间、空间位置坐标等,编制成管线现况调绘图。地下管线现况调绘工作一般由各专业管线权属单位负责。管线现况调绘图用于野外探测作业时的参考,减少盲目性,提高作业质量和作业效率。

31. 什么是地下管线数字测绘?

地下管线数字测绘是相对于传统方式的地下管线测绘而言的。地下管线数字测绘从野外数据采集记录到数据计算处理、图形处理到各种管线图的编绘输出、成果表的编制输出,再到以后的管线信息数据库系统建设的整个过程都基本是以数据文件传输、处理、管理的方式进行。

地下管线数字测绘需要制定相关的数据标准。例如对控制测量数据、地形图数据、管线数据等涉及到的所有数据进行分类和标识编码，规定各种图形数据的线型、颜色，规定各类数据文件的内容和格式。同时对各类元数据、管线数据库结构也要规定相应的格式。

地下管线数字测绘过程需要使用相应的软件完成不同工序、不同工程阶段的数据处理工作。笼统地说，地下管线数字测绘软件应具有数据通信、数据标准化、数据计算、数据预处理、编辑、存储、转换、绘图输出等功能。

地下管线数字测绘的成果包括：管线探查数据文件、管线测量数据文件、管线图形文件、管线属性文件、管线元数据文件、管线成果表册和成果说明文件。

32．地下管线的测量委托有什么要求？

建设部第136号令《城市地下管线工程档案管理办法》第八条的规定，地下管线工程覆土前，建设单位应当委托具有相应资质的工程测量单位进行竣工测量，形成准确的竣工测量数据文件和管线工程测量图。

根据《城市地下管线探测技术规程》（CJJ 61—2003），地下管线探测任务宜由专业探测单位的上级主管部门以任务形式下达，或由用户单位以委托方式进行，但都应签订合同书，明确责任。合同书的内容宜包括：任务编号，工程名称，测区位置和范围，作业内容和技术要求，工作期限和应提交的成果，工程造价和付款方式，有关责任和奖罚规定等。

33．地下管线施测要求有哪些？

根据《城市测量规范》（CJJ 8—99），地下管线测量应符合下列规定：

（1）各种管线的测点为起止点（包括电力和电信电缆入地、出地的电杆）、转折点、分支点、交叉点、变径点、变坡点及每隔适当距离的直线点等，测定这些点位时应测量管线中心或沟道中心以及主要井盖中心。如已覆土或普测时，有构筑物的管线可测量井盖中心、小室中心（并应实量有关的细部尺寸）等，高程的测点应是已测量过平面位置的测点，一般测量井面高程或管外顶高程。

（2）测量直埋管线如因急需覆土，来不及施测时，可先用距离交会法拴出点位，测出管线测点与固定地物的高差，待以后还原点位（实地示误三角形内切圆直径不得大于5cm）再测坐标和联测高程。

（3）管线点的坐标宜采用导线串连法与极坐标法施测。极坐标法角度可用 DJ_6 级仪器观测一测回，钢尺量距不宜超过50cm。用 $DS1_0$ 级水准仪测高程，单独路线每个管线测点宜作为转点，管线测点密集时可用中视法。采用全站仪同时测定管线点坐标与高程时，则可均观测半测回，测距长度不应超过150m，仪器高和觇牌高量至毫米。

（4）根据《城市地下管线探测技术规程》（CJJ 61—2003），新建地下管线竣工测量应在覆土前进行。当不能在覆土前施测时，应在覆土前按该规程第4.1.2条和第4.1.3条的规定，设置管线待测点并将设置的位置准确地引到地面上，做好点之记。管线点宜设置在管线的特征点在地面的投影位置上。管线特征点包括交叉点、分支点、转折点、变材点、变坡点、变径点、起讫点、上杆、下杆以及管线上的附属设施中心点等。在没有特征点的管线段上，视地下管线探测任务不同，地下管线的管线点间距应符合下列规定：①城市地下管线普查和专用管线探测，宜按相应比例尺设置管线点，管线点在地形图上的间距应小于或等于15cm；②厂区或住宅小区管线探测，宜按相应比例尺设置管线点，管线点在地形图上的间距应小于或等于10cm；③施工场地管线探测，宜在现场按小于或等于10cm间距设置管线点；④当管线弯曲时，管线点的设置应以能反映管线弯曲特征为原则。

34. 地下管线竣工图图幅的规格是如何规定的？

专业管线图和综合管线图主要采用两种图幅规格，一种是与城市基本比例尺地形图一致的图幅和沿城市道路走向的带状图幅，带状图幅覆盖长度与道路名所代表的道路长度一致。局部放大示意图可采用任意比例尺，以能清楚表示管线位置并与管线图相协调、美观为标准。

地下管线竣工图图幅(平面、纵断图)，一般采用带状图，平面图的测绘宽度，规划路应测出路两侧第一排建筑物或道路规划红线以外20m，非规划路可根据需要确定。网状分布的管线(如小区管网)，应采用块图(图幅大小应取标准幅)。图幅的边缘要整齐。

35. 地下管线竣工图包括哪些内容？

地下管线竣工图通常有：

（1）总平面图。表示工程规模与全貌，图上应标注主要地形、地物和坐标方格网及坐标数据。一般包括下列内容：①管线布局及主要道路、单位工程设施的名称；②主要里程（桩号）；③有关工艺参数（一般可采用设计图的数据），如排水流域面积、供电负荷、供气、供热数量等；④必要的文字说明、图例、指北针等。

（2）平面图。表示管线位置，以地形图为基础绘制。图上应标注坐标方格网及坐标数据。一般包括下列内容：①管线走向、管径（断面）、设备（标注编号）、里程、长度等；②管线及其附属设施的竣工测量坐标数据及管线与相对地物的距离；③相邻近的地下管线（或其他设施），并注记其断面尺寸、高程及与地物（或设施点）的相对距离；④道路永中、轴线、规划红线等；⑤预留管、口（标注位置、高程、断面及连接管线系统名称）；⑥必要的文字说明、图例、指北针等。

（3）纵断面图。表示管线竖向位置（高程）断面形式与尺寸、管材性质及相关的管线或构筑物。根据不同的专业要求分别采用不同的图标。一般包括下列内容：①断面形式与尺寸、坡度、长度、里程、管材、附属设备、结点、编号、接口、基础等；②相交叉的各种管线；③预留管、口（标明高程、断面及相连接管线系统名称）；④必要的文字说明、图例等。

（4）横断面图。表示管线横断面形式、尺寸、结构材料、基础形式等。

(5) 附属构筑物。应表示详细内容。

(6) 管线平面综合图。在同一施工现场（即同沟、合槽或同路）同期施工两种专业以上的管线工程，应由工程总承包单位绘制管线综合平面图。

36．如何绘制纵断面图？

断面图是表示同一断面里各种管线之间、管线与地面建(构)筑物之间竖向关系的管线图。管线断面图分纵断面图和横断面图。

纵断面图的绘制内容及程序：

(1) 比例尺的选定。纵断面图的水平比例尺与管线图的比例尺应一致。根据《城市地下管线探测技术规程》要求，水平比例尺/垂直比例尺，可选择 1∶500/1∶50 或 1∶1000/1∶100。

(2) 按选定的比例尺展绘管线、管沟和窨井位置。

(3) 绘制地面线、管线、窨井与断面相交的管线及地上地下建筑物；标出各测点的里程桩号、地面高、管顶或管底高、管线点间距及转折点的交角等。

(4) 线划规格和文字、数字注记要求。展绘后的管线小于图上 1mm 时，用 0.6~0.8mm 的实线绘制；地面线用 0.2~0.3mm 实线绘制；建构物轮廓线用 0.3~0.4mm 实线绘制；各种尺寸线及表格线用 0.1~0.2mm 实线绘制。文字和数字注记字体的大小按《城市地下管线探测技术规程》(CJJ 61—2003) 第 5.1.11 条的规定执行。

37．如何绘制横断面图？

(1) 比例尺的选定。横断面的水平比例尺应与高程比例尺一致。按《城市地下管线探测技术规程》要求。横断面图的水平比例尺/垂直比例尺可选择 1∶50/1∶50 或 1∶100/1∶100。

(2) 按选定的比例尺展绘管线和管沟位置。

(3) 绘制地面线、管线与断面相交的地上地下建（构）筑物；标出测点间的水平距离、管顶或管底高、管沟断面尺寸、管径等。

(4) 线划规格及文字、数字注记要求，与纵断面图的编绘相同。
地下管线横断面图示例如下图：

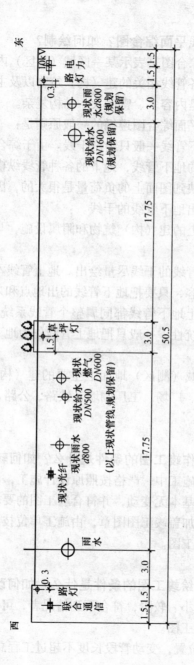

E-E管线断面图

33

38. 什么是地下管线平面综合图？如何绘制？

地下管线平面综合图是表示某一区域（测区）内全部地下管线、附属设施、与各管线相关的建（构）筑物以及主要地貌地物的综合图，其特点是内容多、密度大、结构复杂。

编绘地下管线平面综合图遵循的一般原则是：

（1）各专业地下管线一般只绘出干线。由于综合地下管线图包含了测区内所有的地下管线，地下的各种管线纵横交错，特别是管线密集区，反映到图面上的负荷量是很大的，因此，综合地下管线图一般只绘出地下管线的干线。

（2）地下管线上的建（构）筑物和附属设施，与干线有关的都应绘出。

（3）应将地上管线的干线尽量绘出。地上管线本来不属于地下管线图的编绘内容，只要把地下管线的出地点和入地点表示清楚即可。但作为地上地下管线都同属整个管线系统的组成部分，为了体现管线的系统性，一般只把地上管线作为地下管线的附属设施加以选用。

（4）应将该区域（测区）地面上主要的建（构）筑物绘出，如主要楼房、街道、广场、工厂围墙、铁路、公路、桥梁等，以及主要的地形特征。

39. 施工图直接转作竣工图的条件是什么？如何转作竣工图？

凡在地下管线施工中，严格按照原设计施工，没有发生变更的情况下，施工图基本无变动，并符合竣工图的要求，补充必要的竣工测量资料，加盖竣工图图章，由施工单位技术负责人签章确认后，可转作竣工图。

40. 利用施工图改绘竣工图的条件是什么？如何改绘？

施工图改动较小、较少，符合下列情况者，可在施工图基础上修改、补充为竣工图。

1) 管线平面位置，变动管段长度不超过工程总长度的 1/5；

2）管线平面位置，以道路中心线、永中相对关系控制的，平移变动不超过2m者；

3）管线附属构筑物平面位置在规划设计控制范围内改动，如沿线路中心调整检查井、小室、人孔、闸井位置；

4）改变附属构筑物形式，而不扩大用地；

5）改变管线局部高程、管径等。

改绘城市地下管线工程竣工图的具体方法如下：

1）同一图上只表示竣工图的内容，切不得遗留与竣工图不相符的原施工图的内容。

2）改绘后的图纸，无论变动大小，均须在相应的单项图上加盖竣工图图章。

3）几种主要改图方式

①管线局部管段位置变动，在施工图上以道路中心或其他地物相对距离控制，改动实地距离增或减不大于2m时只改注记数字；大于2m时一并改图。

②检查井、小室、人孔间距离变动，在施工图上注记长度或桩号，改动实地间距离增或减不大于2m时只改注记数字；大于2m时一并改图。

③增加检查井、小室、人孔等附属构筑物，在施工图上有编注井号，增绘井（按规定图例表示）并编号。

④改变局部管线高程，有纵断面图时，高程数字增或减不大于0.2m时只改数字；大于0.2m时一并改图；无纵断面图时，只改高程数字。

⑤管径、井型等变动，只改注记符号。

41. 利用施工图改绘竣工图经常发生的质量问题有哪些？正确做法是什么？

（1）对改动部位及内容较多的施工图进行改绘，图纸内容混乱，应重绘制竣工图底图。

（2）利用破、旧、脏、折损、熏晒反差度较低的蓝图或利用复印图纸改绘的，必须改用晒制反差度较强的新蓝图。

(3) 有洽商记录而不改绘图纸，即以施工图附洽商记录取代竣工图的，必须把洽商记录的内容按要求编绘在图纸上。

(4) 局部数字的改动与系统数字不符合，即只改其一不改其二的，凡涉及系统数字改动的图纸内容，必须一一改正。

(5) 平面图与纵断面图的内容相互矛盾，如点位编号、桩号、长度等数字不一致的，应将两者对应的内容改绘一致。

(6) 施工图上已被改掉的数字等内容，未做修改符号，与竣工内容相混淆时，改掉的内容必须加符号区分清楚。

(7) 利用圆珠笔、铅笔等易褪色的笔墨绘图、注字，必须改用规定的笔墨绘图、注字，并应补充改绘图例。

(8) 用刮改、涂抹、贴补进行修改内容的，应按要求进行杠改或重绘。

(9) 图上注记错、别、草字时，应按照绘图规定要求进行改正。

(10) 施工图上的图章及文字说明未做相应改正的，应重新加盖竣工图图章。

42. 什么情况下需要重新绘制竣工图？

重新绘制竣工图（即编制），是由城市地下管线工程特点决定的，一般各类管线工程编制竣工图均宜采用这种基本方法，尤其施工图纸改动较大、较多，如有下列情况者，更应重新绘制竣工图：

① 管线平面位置，变动管段长度超过工程总长度 1/5 者；

② 管线平面位置，以道路中心线、永中相对关系控制的，平移变动超过 2m 者；

③ 改变管道（沟）的结构形式、断面（管径）尺雨、管材性质等，其中之一变动管段长度超过工程总长度 1/5 者；

④ 管线竖向位置，多处变动或遇多处现状管线（或其他设施）交叉特殊处理的工程；

⑤因工程施工现场拆迁，工程现场已不能反映竣工后实际情况的工程；

⑥扩大工程平面用地范围；

⑦其他变动情况不宜利用施工图改绘的图纸。

重新绘制的城市地下管线工程竣工图应符合以下要求：

① 绘图格式、图例等项均应符合竣工图格式的要求；

② 平面图所绘地形、地物、工程现状等（可摘要表示），应是竣工后的实际情况；

③ 工程竣工增加的管线折点、设备等内容与施工图的相对关系必要时应加以说明；

④ 管线直线段上两点之间的观测点最大距离不超过150m，郊区不超200m；

⑤ 测量资料编绘在不小于1:500比例尺图上，远郊区可编绘在1:1000比例尺图上，主要点位应绘制结点大样图。

43. 如何绘制专业管线图？

专业管线图是地下管线图的一种，各种专业管线应按规定颜色绘制；对于管线的属性、路名、单位名称等，用文字注记表示，注记不能压盖图上其他要素。专业管线图采用综合管线图相同背景的地形图，即线画黑色，但图中只绘制一种专业管线及其属性注记；专业管线要素的颜色及注记方式与综合管线一致。

根据《城市地下管线探测技术规程》（CJJ 61—2003）的规定，专业地下管线图编绘方式如下：

(1) 专业管线图的编绘宜一种专业一张图，也可按相近专业组合一张图。

(2) 采用计算机编绘成图时，专业管线图应根据专业管线图形数据文件与城市基本地形图的图形数据文件叠加、编辑成图。采用手工展绘时，应根据实测数据展绘。手工展绘应采用以下程序：

①复制地形底图；

②展绘管线及其附属设施,并注记管线点编号和管线线上注记;

③绘制管线断面图、放大示意图;

④图幅接边;

⑤绘制成果表、接图表、图例,编写说明书。

(3) 专业管线图上应绘出与管线有关的建(构)筑物、地物、地貌和附属设施。

(4) 专业管线图上注记应符合下列规定:

①图上应注记管线点的编号;

②各种管道应注明管线规格和材质;

③电力电缆应注明电压和电缆根数;沟埋或管埋时,应加注管线规格;

④电信电缆应注明管块规格和孔数;直埋电缆注明缆线根数。

44. 城市综合地下管线图包括哪些内容?

(1) 综合地下管线图的编绘根据《城市地下管线探测技术规程》的规定,应包括下列内容:

①各专业管线;

②管线上的建(构)筑物;

③地面建(构)筑物;

④铁路、道路、河流、桥梁;

⑤主要地形特征。

(2) 编绘前应取得下列资料:

①测区地形底图或数字化地形图;

②经检查合格的地下管线探测、竣工测量的管线图形和注记文件或管线成果表。

45. 综合地下管线图的绘制要求是什么?

城市综合管线图是地下管线图的一种,是指将测区内所有探测过的各种管线及其附属设施，有关地面建（构）筑物等展现在图上，背景的地形图为黑色线画。根据《城市测量规范》（CJJ 8—99），综合地下管线图应用该城市现有最大比例尺的基本地形图绘制，对于管线密集的道路与单独重要管线，可根据需要分幅拼接或测绘1:500～1:2000比例尺带状地形图作为地下管线测量的基础图。同时，综合地下管线图的绘制应符合下列规定：

（1）管线点坐标与高程测算完成后，应抄管线成果表，供展绘管线图使用，宜展绘在地形二底图上。然后根据井位展出管偏，各种小室在图上按实际大小绘出，再注记点号，进行连线与注记断面尺寸等。

（2）管线点的高程注记可根据管线图（分幅图或带状图）和管线、地物的疏密情况，选用在图边垂直（或平行）点号注记，图边表格、资料卡片与指线形式等。

（3）分幅图的相邻图幅，带状图的相邻图段与交叉路口的管线应注意拼接好。着墨前内业各工序应换人检查。综合管线图以分色表示为宜，单项管线图可着墨表示。

（4）地下管线数字化成图的基本要求，地下管线数字化成图是将地形数据与管线数据叠加、编辑后输出，形成综合管线图或专业管线图。数字化管线图的数据格式应与数字化地形图的数据格式一致。数字化地形图的数据可采用现有城市基本地形图的数字化图、底图数字化或数字化测图数据等；管线数据应采用地下管线探测采集的数据或竣工测量的数据，数据应经过处理并经检查合格。地下管线数字化成图使用的软件应具有数据输入或导入、数据常规错误检查、数据处理、图形编辑、成果输出、数据转换等功能。

（5）地下管线图图式应符合《城市地下管线探测技术规程》（CJJ 61—2003）附录D地下管线的代号和颜色与附录E地下管线图图例的要求，如下表所示。

地下管线的代号和颜色表

管线名称		代 号		颜 色
给水		JS		天蓝
排水	污水	PS	WS	褐
	雨水		YS	
	雨污合流		HS	
燃气	煤气	RQ	MQ	粉红
	液化气		YH	
	天然气		TR	
热力	蒸汽	RL	ZQ	桔黄
	热水		RS	
工业	氢	GY	Q	黑
	氧		Y	
	乙炔		YQ	
	石油		SY	
电力	供电	DL	GD	大红
	路灯		LD	
	电车		DC	
	交通信号		XH	
电信	电话	DX	DX	绿
	广播		GB	
	有线电视		DS	
综合管沟		ZH		黑

地下管线图图例表

附表 E.0.1

符号名称	图 例	说 明
管线点	○ JS3	用直径为 1mm 的小圆圈表示

续表

符号名称		图 例	说 明
地下管线		DN200 WS　　WS	管道（或管沟）的直径或宽度依比例在图上小于2mm时，用单直线表示；大于2mm时，宜按实宽比例用双直线表示，线划粗0.2~0.3mm
窨井	给水	⊖	1.用直径为2mm的小圆圈表示，不同类型的窨井用圆圈中的不同符号表示 2.窨井直径按比例尺在图上大于2mm时，依比例绘制
	污水（或排水）	⊕	
	雨水	⊕	
	燃气	⊘	
	工业	⊖	
	石油	⊞	
	热力	⊖	
	电力	⊘	
	电信人孔	⊗	
	电信手孔	◇	小方块的边长为2mm
预留口		○--	
阀门		♂	

续表

符号名称	图 例	说 明
水源井	⊕	
水 塔	⊗	建（构）筑物的尺寸按比例在图上大于2mm时，按比例绘制
水 池	□	
泵 站	▭	长方块的边长为 3mm×2mm

附表 E.0.2

符号名称	图 例	说 明
水 表	⊘	
消火栓	⊖	
雨 篦	⊡	长方块的边长为 3mm×1mm
盖 堵	⊣∣	
变 径	▷	
进水口	⊱	
出水口	→	
沉淀池	⊠	
化粪池	⊞	长方块的边长为 3mm×2mm
水封井	⊕	
跌水井	⊖	

续表

符号名称	图 例	说 明
渗水井	⌀	
冲洗井	⊖	
通风井	◎	
凝水缸	Ⅰ○Ⅰ	
调压箱	◣	
调压站	⌀	
煤气柜	⬮	
接线箱	🄣	
控制柜	⌀	
变电站	⌀	
电缆余线	—□—	
上杆（出土）	↑	

（6）各专业管线在综合管线图上应按《城市地下管线探测技术规程》(CJJ 61—2003) 附录 D 的代码和颜色及附录 E 的图式符号表示。下图 1 为专业地下管线图样图，图 2 为地下管线断面图，图 3 为综合管线图样图。

43

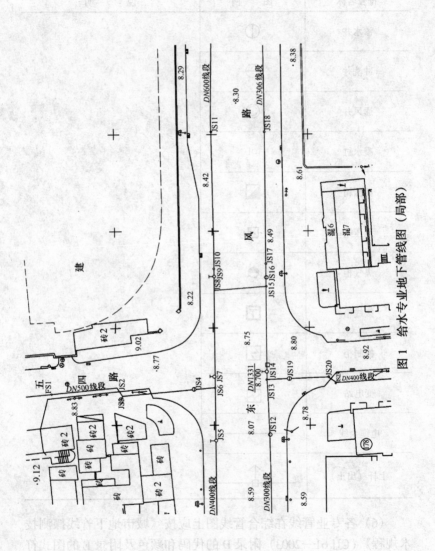

图1 给水专业地下管线图(局部)

附图 F.0.3 ××市地下管线横断面图

断面号:89.00-48.00-I

所在道路:东风路

比例尺 水平:1:200 垂直:1:100

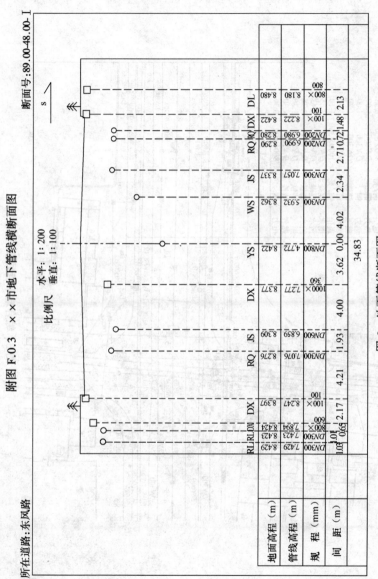

图 2 地下管线断面图

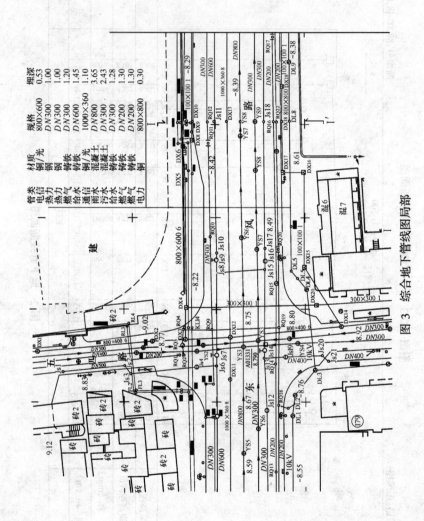

图 3 综合地下管线图局部

(7) 当管线上下重叠或相距较近且不能按比例绘制时，应在图内以扯旗的方式说明。扯旗线应垂直管线走向，扯旗内容应放在图内空白处或图面负载较小处。扯旗说明的方式、字体及大小应符合下表规定。

地下管线图注记表

类 型	方 式	字 体	字大(mm)	说 明
管线点号	字符、数字化混合	正等线	2	
线注记	字符、数字化混合	正等线	2	
扯旗说明	汉字、数字化混合	细等线	3	
主要道路名	汉字	细等线	4	路面铺装材料注记2.5mm
街巷、单位名	汉字	细等线	3	
层数、结构	字符、数字化混合	正等线	2.5	分间线长10mm
门牌号	数字化	正等线	1.5	
进房、变径等说明	汉字	正等线	2	
高程点	数字化	正等线	2	
断面号	罗马数字化	正等线	3	由断面起、讫点号构成断面号：Ⅰ-Ⅰ

(8) 综合管线图上注记应符合下列规定：

1) 图上应注记管线点的编号；
2) 各种管道应注明管线规格；
3) 电力电缆应注明电压。沟埋或管埋时，应加注管线规格；
4) 电信电缆应注明管块规格和孔数。直埋电缆注明缆线根数。

47

五、地下管线档案管理

46．各单位档案人员收集地下管线档案应遵循哪些基本原则？

收集地下管线档案应遵循以下三个原则：

（1）尊重历史的原则

地下管线档案是在地下管线工程建设活动中直接形成的具有归档保存价值的文字、图表、声像等各种形式的历史记录，保持历史的真实性，准确地反映工程建设活动和工程实际状况，是收集地下管线档案的重要内容。

（2）完整、准确、系统、安全性原则

完整：是指要确保应该收集的文件、图纸全部收齐，防止文件、图纸在工程建设活动中散失。

准确：是指文件、图纸要准确反映地下管线建设活动和管线埋设状况。对于更改、补充形成的文件材料要及时补充到相关的档案中去；竣工图要严格按照施工过程和竣工测量情况进行绘制，并认真审核，确保图物相符等。

系统：是指要遵循地下管线档案的形成规律进行收集，保持地下管线工程形成的文件材料之间的有机联系，确保文件材料是一个有机联系着的整体。

安全：是指收集、积累工作中，要使文件材料尽量少受或不受自然因素和人为因素的损害；同时要做好地下管线档案的保密工作。

（3）适时与及时的原则

收集地下管线工程档案，要适时、及时。为此，要掌握地下管线工程建设程序与地下管线工程文件形成的规律。

47．专业管线管理单位和建设、施工单位收集地下管线档案的内容是什么？

由于专业管线管理单位和建设、施工单位在地下管线工程建设中的地位、功能和任务不同，它们在工程建设过程中产生的档案文件的领域与范围不同，因此，收集地下管线档案的范围与内容各有侧重。

对一项工程而言，专业管线管理单位和建设单位除接收施工单位、监理单位移交的施工技术文件、监理文件外，其收集范围为自己本身形成的有关文件，主要是地下管线工程项目准备阶段文件、竣工验收文件和工程照片、录像等，具体内容有：

（1）工程立项报告、批复或计划任务书、规划许可证及其附件、勘察、设计、用地、开工批准文件及其他审批材料；

（2）工程承包合同或协议；

（3）地下管线测量精度分析、测绘成果及竣工测量记录；

（4）地下管线工程竣工验收文件；

（5）其他应归档的文件资料。

监理单位负责收集本单位在工程监理过程中形成的监理文件，并向建设单位移交。

施工单位收集地下管线档案的范围是施工文件、竣工验收文件和竣工图。项目实行总承包的，总包单位负责收集、汇总各分包单位形成的工程档案。建设工程项目由几个单位承包的，各承包单位负责收集、整理立卷其承包项目的工程文件，并应及时向建设单位移交。其主要内容有：

（1）地下管线工程施工技术文件及施工原始记录：

工程开、竣工报告、工程验线单、变更通知书、隐蔽工程验收记录、材料质保书与试验报告、测量记录、运行测试记录等；

（2）地下管线测量成果及技术报告；

（3）地下管线工程竣工图；

（4）工程决算；

49

（5）其他应归档的文件材料。

48. 城建档案管理机构收集地下管线档案的范围是什么？

城建档案管理机构是指各地建设行政主管部门所属的城建档案馆（室），其收集地下管线档案的范围，从工程规模上看，包括：

（1）管径 100mm 以上的给水管；

（2）管径 230mm 以上的雨、污水管道，底宽大于 500mm 的排水沟（渠）；

（3）液化石油气管和管径 100mm 以上的燃气管；

（4）热力管（沟）；

（5）电力、通信、广播电视、路灯及地下电缆（沟）；

（6）工业管道；

（7）新建小区的管线；

（8）已建成小区需扩建、改建、新建的管线。

从地下管线档案的具体内容看，包括：

（1）地下管线工程项目准备阶段文件、监理文件、施工文件、竣工验收文件和竣工图；

（2）地下管线竣工测量成果；

（3）其他应归档的文件资料（电子文件、工程照片、录像等）。

49. 专业管线管理单位收集地下管线档案应采取什么方法？

（1）建立健全规章制度。专业管线管理单位应建立健全地下管线档案的收集、归档规章制度，明确规定应归档地下管线工程的范围和应归档的档案内容，以及归档途径与方法，并将其纳入工作程序和考核内容中。

（2）落实地下管线工程档案收集责任制，保证档案与管线建设同步形成。在工程招标及勘察、设计、施工、监理等单位签订协议、合同时，应对工程文件的套数、费用、质量、移交时间等提出明确要求。

(3) 建立健全档案工作网络，明确专兼职档案员岗位职责。要求勘察、设计、施工、监理等单位（部门）应将工程文件的形成和积累纳入工程建设管理的各个环节和有关人员的职责范围。对各地下管线工程都要明确专人负责收集和积累档案，做到随敷、随测、随记、随收集、随整理，确保档案收集的及时性。

(4) 加强地下管线工程施工文件的形成与积累，严格"三查"，即：施工队伍自查，管理部门复查，档案专业人员过关检查。做到档案与实际"六吻合"，即：图与管线吻合，图与标注数据吻合，管线与实际吻合，管材与说明吻合，标高埋深与图示吻合，记录资料与实际情况吻合。

(5) 档案的验收、归档纳入工程验收环节。一方面专业管线管理单位的档案部门要主动参与地下管网的竣工验收，检查档案的系统性、完整性。另一方面要从制度上做到：只要地下管线档案通过档案部门的验收，该工程才能通过竣工验收，只有档案移交到档案室，才能进行工程结算，否则，不予结算。

实践证明，专业管线管理单位通过采取这些切实有效措施，提高了地下管线档案的质量，确保了档案的及时归档。

50．建设单位、施工单位收集地下管线档案应采取什么方法？

(1) 地下管线建设单位收集管线档案可采取以下方法：

①合同约束

地下管线建设单位在工程招标及与勘察、设计、施工、监理等单位签订协议、合同中，将工程文件的套数、费用、质量、移交时间等作为合同条款写入合同，并明确违约应付的责任。以合同方式约束各地下管线档案形成单位，从源头将档案收集纳入工程建设的计划中。

②监理配合

地下管线建设单位通过合同将监督、检查施工单位完整、真实、系统地收集与积累施工中产生的档案文件列入监理单位的职责中。监理单位不仅要按要求收集、积累好监理档案，而且有责任和义务对施工单位的施工技术文件的产生、积累进行"监理"。

③检查监督

地下管线建设单位的工程技术人员、档案部门应加强对重点环节的检查、监督，及时发现问题，解决问题。

④列入考核目标

对于地下管线建设单位，应将地下管线工程档案的归档问题列入工程及其负责人的目标考核中，工程负责人将档案的形成、收集、归档任务具体落实到工程技术人员、工程专（兼）职档案人员工作职责中，并列入考核内容。

⑤经济制约

地下管线建设单位对于已经完成施工任务，未能移交档案的施工单位不予结算，将档案移交作为交工验收和结算的先决条件。

(2) 施工单位收集管线档案可采取以下措施：

①责任分解

对于地下管线工程项目实行总承包的施工单位，应在合同、协议等中明确各分包单位对所分包工程档案的收集责任，并详细规定数量、质量、时间以及违约应承担的责任，将地下管线档案收集工作层层落实。

②纳入岗位职责

即将收集档案的职责纳入施工负责人、施工技术人员等主要人员的工作职责和岗位职责中。他们是施工技术文件形成和使用的核心，由他们负责收集各自掌握、形成的施工文件更加实际，而且准确。

③嵌入工作流程

目前施工工序中各阶段应该产生哪些文件，各个文件包含哪些内容已经形成定式，并且已经由质检部门规范化、表单化。因此，可以将收集工作作为工作内容，嵌入各施工阶段的工作流程中，随流程收集。

51. 城建档案管理机构收集地下管线档案应采取什么方法？

根据《中华人民共和国城市规划法》、《中华人民共和国档案法》、《建设工程质量管理条例》、《城市建设档案管理规定》、《城市地下管线工程档案管理办法》等有关法律、行政法规的规定，城建档案管理机构（即城建档案馆或者城建档案室）负责城市地下管线工程档案的收集、保管、利用等工作。城建档案管理机构可以采取以下四种措施收集地下管线档案。

（1）签订建设工程档案移交责任书

对于新建城市地下管线工程，城建档案管理机构可采用与地下管线工程建设单位签订工程档案移交责任书（协议、承诺书）的形式进行新建地下管线工程档案的收集。

地下管线工程的建设单位在办理建设工程规划许可证、村镇工程建设规划许可证（除农民个人建房）或施工许可证前，向建设工程项目所在地城建档案机构登记，并签订"建设工程档案移交责任书"。

建设工程档案移交责任书中一般明确工程建设单位（甲方）在档案形成和报送中的责任为：

①在招标投标和与勘察、设计、施工、监理等单位签订的合同中，应明确工程档案的套数、费用、质量、移交时间等要求，并负责本建设工程档案的收集、汇总、整理和报送工作。

②做好本工程档案资料的验收准备工作，工程竣工验收前提请乙方（指城建档案管理机构）对该项工程竣工档案进行专项验收。

③建设工程档案报送内容按国家、省、市有关规定执行，在工程竣工备案前向乙方报送，如遇特殊情况，应向乙方提出延期报送申请，经乙方同意后在延期期限内报送。

④向城建档案馆（室）报送的建设工程档案应当是原件，档案必须完整准确，图形清晰、字迹工整。案卷质量符合《建设工程文件归档整理规范》（GB/T 50328—2001）的有关要求。

责任书中同样明确了城建档案管理机构（乙方）在档案管理

工作中应承担的责任和义务：

①按国家有关规定，对该项建设工程文件材料的形成、积累、整理、归档及其档案报送、移交工作进行阶段性的或应甲方要求进行现场业务指导。

②为甲方提供建设工程档案的专业培训、技术咨询，或应甲方委托进行相关的服务性工作。

③该项工程竣工验收前，应进行建设工程竣工档案预验收。对建设工程档案符合要求者，在规定的工作日内出具"建设工程档案验收意见书"。

④接收该项建设工程档案后，确保档案安全。

同时，责任书中也明确违约应负的责任。

作为工程建设许可程序中的一个环节，未签订建设工程档案移交责任书的，建设行政（规划）主管部门将不予办理建设工程规划、施工许可证。

（2）建设工程竣工档案专项验收制度

对于新建地下管线工程，竣工档案专项验收制度也是目前广泛采用的地下管线档案接收方法。依照有关规定，建设单位在地下管线工程竣工验收前，应将地下管线工程档案报城建档案管理机构进行专项预验收。城建档案管理机构根据档案归档要求，从系统性、完整性、真实性等几方面进行检查验收。验收合格者，城建档案管理机构接收所报送的地下管线档案，并对该建设工程出具档案专项验收意见书。该意见书为建设工程竣工验收、办理建设工程竣工备案的必备手续，没有城建档案管理机构出具的建设工程档案专项验收意见书，有关部门将不予办理建设工程竣工备案。

建设工程档案移交责任书制度、建设工程竣工档案专项验收制度是目前城建档案管理机构收集新建地下管线工程档案所采取的最有力、也是最有效的措施。这两种方法的结合，极大地提高了地下管线工程档案的进馆率。

（3）建立健全地下管线档案接收网络

各地城建档案管理机构建立以城建档案馆(管理处)为中心,建设系统各单位、各专业管线管理单位档案室为成员的城建档案工作协作网络。这个工作协作网络,以交流地下管线档案工作经验,为成员单位的工程建设提供地下管线信息,并按照城建档案管理的有关规定,定期向城建档案馆移交地下管线档案,特别是本单位的专业管线综合图等为宗旨。在工作协作网络中,城建档案馆(管理处)负责对各单位档案室的业务工作进行示范、引导、检查和监督,并提供相应的服务。帮助它们了解工作要求,解决实际问题,贯彻法规规章,掌握城建档案管理知识和技能、技术规范、业务标准等,并督促它们对列入城建档案馆接收范围内的、需要永久和长期保存的地下管线档案,按照移交的要求,定期组织向城建档案馆移交。

城建档案工作协作网络是城建档案馆正常接收建设系统和专业管线管理单位地下管线档案的主渠道。

(4) 普查普测

由于历史原因,过去城市建设各个时期建成的至今仍使用的地下管线工程档案信息老化、不全、不准,逐步失去了现势性,难以为地下管线工程建设、管理提供有效服务,必须通过开展地下管线普查、普测以及补测补绘来重新建档。从各地开展地下管线普查普测工作看,一般由政府成立专门机构,统一领导、统一部署、统一行动,城建档案管理机构作为地下管线普查普测专门机构的重要成员,参与普查普测工作,负责全面、系统、完整地收集地下管线普查普测档案,及时输入计算机,建立综合管线信息集中、动态管理系统,实现信息共享。

地下管线普查普测是城建档案管理机构全面收集地下管线档案,建立综合管线信息管理系统的重要途径。

52. 城建档案馆如何开展地下管线档案业务指导工作?

地下管线档案工作的业务指导,是指城建档案馆对一个地下管线建设工程项目从办理建设工程规划许可证或施工(开工)许可证开始到工程竣工验收、交付使用过程中的档案工作进行示范、引导、检查和监督的过程，是确保和进一步提高地下管线档案质量，保证档案移交进馆的重要措施。

（1）地下管线档案业务指导的主要内容

①指导建设单位落实有关责任

根据《城市建设档案管理规定》的规定，要求工程建设单位在办理工程项目规划许可证或开工许可证手续时，先与城建档案馆签订移交地下管线工程档案责任书或合同书、承诺书、保证书，明确建设单位移交地下管线工程档案的责任和义务。指导管线工程建设单位在工程招投标以及与勘察、设计、施工、监理等单位签订合同时，要明确工程文件材料收集、积累、立卷的职责和档案的套数、费用、质量要求、移交时间等。督促建设单位与工程总包单位、分包单位层层落实责任制，在工程开工建设前就重视管线工程文件材料工作，确保其同工程建设同步开展。

②宣传、落实工作要求

向参与管线工程建设的各单位领导、有关人员宣传城建档案工作的性质、作用和任务，使其了解《规划法》、《档案法》、《建设工程质量条例》、《城市建设档案管理规定》、《城市地下管线工程档案管理办法》等法律、规章的有关内容，掌握各单位在地下管线工程档案工作应承担的责任、义务和档案管理等方面的基本要求，据此建立健全本管线工程档案管理的各项制度并组织落实。

③对地下管线工程文件材料管理的指导

城建档案馆工作人员要经常深入建设单位、施工单位，深入施工工地，指导有关人员掌握管线工程文件材料管理与档案管理的基本知识，明确管线工程文件材料与档案管理诸环节工作的意义、原则与要求；督促、指导建设单位按《建设工程文件归档整理规范》的要求，收集、汇总本单位与勘察、设计、施工、监理等单位所形成的管线工程文件材料；对管线工程文件的形成、积累、编制提出要求，检查质量，特别是竣工图编制的质量。

④组织对各单位地下管线档案管理人员的业务培训

组织各单位地下管线档案管理人员进行业务培训,是确保全面收集、安全保管、及时移交地下管线档案的重要方法之一。培训的主要内容包括:宣讲《建设工程质量条例》、《城市建设档案管理规定》、《城市地下管线工程档案管理办法》等有关法律、规章对地下管线档案管理方面的规定;讲解《建设工程文件归档整理规范》等业务规范的要求;传授地下管线档案管理的基本知识、竣工图编制的方法等。

(2) 地下管线档案业务指导的方法

地下管线档案业务指导工作必须根据不同情况,采用不同的方法,才能取得较好效果。

①会议指导与文献指导

会议指导是通过召开综合性或专题会议来贯彻执行法规制度,解决、交流一些共同性的业务问题,对地下管线档案工作进行全面或具体的指导。文献指导是通过制发文件(包括规划、条例、办法、规定、标准规范等)和编印书报杂志等方式,进行地下管线档案工作的业务指导。会议指导与文献指导,是城建档案管理部门经常使用的两种方式。

②集中指导与个别指导相结合

集中指导是指城建档案管理部门,集中一段时间,集中相关的人员,对地下管线档案工作中某一个或某几个方面的问题进行培训式指导。这种集中指导具有省时、省力,在较大范围内见效快的特点。

个别指导,是指针对某个地下管线管理单位或某个地下管线工程建设单位在工作中存在或提出的问题而进行的指导。这种指导范围小,针对性强,问题的解决比较及时、透彻。

③研讨指导与示范指导

研讨指导,就是城建档案工作业务指导部门及其人员与被指导者之间,通过研讨的方法来进行指导。

示范指导，是指运用技术演示、工作成果的展示和提供典型经验、工作样板的方法来进行指导。这种方法具有直观性、典范性和可操作性强的特点。

④事先指导与跟踪指导

事先指导是指城建档案馆在建设工程开工前，与地下管线工程建设单位签订档案移交责任书（合同），并对地下管线档案的形成、积累、编制、整理和移交提前提出明确的要求。地下管线档案的事先指导在全国城建档案业务指导中普遍得以运用，是城建档案业务指导的特色之一。

跟踪指导是指业务指导人员，对地下管线工程各建设活动阶段中档案的形成、积累、编制、整理和移交全过程的进行跟踪指导，解决问题，引导地下管线档案工作，确保地下管线档案的完整、准确和系统。

此外，随着科学技术的发展，业务指导的手段也在不断发展，电信、网络与音像指导被普遍运用于业务指导工作，这些方法具有方便快捷、便于远距离指导、功效高的特点。

53. 地下管线档案整理工作包括哪些内容？

地下管线档案整理工作，就是将零散的和需要进一步条理化的地下管线档案，按其自然形成规律和文件材料之间的有机联系，进行基本的分类、立卷、编目，使之达到有序体系的过程。它的主要内容包括：按工程或项目或事由进行文件材料的归类，编制保管单位（指立卷），对馆藏档案的分类，编制目录等。

地下管线档案的整理工作，按其过程大致可分为以下三个方面：

（1）分类

对一个地下管线工程档案分类是指按工程项目或事由等的不同，对地下管线文件材料进行区分和归类。同一种（类）文件按工序、时间进行排列，但重要的、结论性的应排列在该类文件之

首,并形成如下的文件排列次序:
①立项、用地文件;
②勘察、测绘、设计文件;
③勘察、测绘、设计、施工、监理等招投标文件;
④开工审批文件;
⑤监理文件;
⑥施工管理文件;
⑦施工技术文件;
⑧施工物资文件;
⑨设计变更、工程洽商记录;
⑩施工测量文件;
⑪施工试验文件;
⑫施工检查文件;
⑬功能性试验文件;
⑭工程质量事故处理文件;
⑮工程质量检查验收文件;
⑯竣工测量记录;
⑰管线竣工图;
⑱附属构筑物竣工图;
⑲竣工验收文件。

(2) 编制保管单位

①对地下管线文件材料进行鉴别。即审核应归档的地下管线文件材料的内在质量与外在质量,内在质量包括:准确性、完整性和保存价值;外在质量指纸张的质量、字迹书写材料的质量等。

②组成保管单位。将一组具有有机联系的、具有保存价值的城建文件材料组合在一起,形成卷、册、袋、盒等具体形式。

③对保管单位进行编目。其内容包括:编页(张)号、填写卷内目录、填写备考表、填制案卷封面等。

(3) 对案卷的分类与编目

分类与编目是对立卷后的地下管线档案进行进一步系统的整理。其主要内容：

①对地下管线档案的保管单位（案卷）进行检查、排列；

②根据本单位的分类方案对地下管线档案进行分类，并编制档号；

③在分类的基础上编制基本管理目录，即总账目录和分类目录等。

54. 地下管线档案整理的基本原则是什么？

地下管线档案整理的基本原则是：遵循地下管线档案形成的特点和规律，保持地下管线档案文件材料之间的有机联系，使整理出的档案能够反映地下管线建设活动的历史面貌，便于保管和利用。

(1) 遵循地下管线档案的形成特点和规律

地下管线档案是地下管线建设活动的伴生物，是在城市建设活动中产生积累的软成果，它本身就是城市建设活动客观规律性的记载与体现，只有了解城市建设活动的客观规律和特点，才能掌握地下管线档案的形成特点与规律，才能在整理中遵循它、利用它。因此，城建档案的初步整理，如汇总、鉴别、排序及立卷工作一般由地下管线文件材料的形成者承担。

(2) 保持地下管线文件材料之间的有机联系

尽管这些文件材料来源不同，但都是围绕一个地下管线工程项目，在该工程项目规划、建设或管理活动中产生的。针对这个工程（项目），这些文件材料是相互联系，不可分割的，具有成套性。因此，在整理过程中，应按照形成规律，保持这些文件之间的内在有机联系。

(3) 便于保管和查找利用

对地下管线档案进行立卷、编目、分类等整理工作，目的之一是为了便于保管。最大限度地延长档案的寿命是档案保管工作的主要任务，完成这一任务必须从各个方面着手。从保护档案的角度出发做一些加工整理工作，并且把需要不同保管条件的档案区分开来，分别保管，这对于延长档案的寿命，方便利用非常重要。如胶片、录音、录像等档案材料，应当分别整理、专门保管。

整理、保存档案的最终目的在于利用。科学的整理就是为了便于查找利用。因此，在整理时一方面要遵循地下管线档案的自然形成规律和保持地下管线档案之间的有机联系。另一方面，要便于保管和查找利用。保持历史联系，是"便于查找利用"的保障措施，所以不能"为联系而联系"。便于查找利用，才是地下管线档案整理工作的基本出发点和最终要求。

55. 地下管线档案如何分类？

档案的分类从广义上讲包括二方面的内容：一是大分类，另一个是小分类。大分类是对一个机构、单位的全部档案实体或档案信息进行分类，以便编制档案目录，建立检索系统，提供利用服务；小分类是对一个工程所形成的档案文件在整理时所进行的分类，目的是按问题、工序等归集同类文件，并根据文件的相关性进行立卷。对一个工程的档案分类参看第53题"地下管线档案整理工作包括哪些内容"，在这里重点讲对一个单位或机构的档案所进行的实体分类。

对城市建设档案管理机构（馆、室）和专业管线管理单位来讲，由于工作职能、管理范围与对象的差异，档案分类所采用的标准与方法会不尽相同。

（1）城市建设档案馆（室）地下管线档案的分类

城市建设档案馆（室）地下管线档案的分类是按地下管线的专业性质划分的。根据1993年建设部办公厅印发的《城市建设档案分类大纲》（修订稿）的规定：城市建设档案分为A. 综合类、B. 城市勘测类、C. 城市规划类、D. 城市建设管理类、E. 市政工程类、F. 公用设施类、G. 交通运输工程类、H. 工业建筑类、I. 民用建筑类、J. 名胜古迹，园林绿化类、K. 环境保护类、

L. 城市建设科学研究类、M. 县（村）镇建设类、N. 人防、军事工程类、O. 水利、防灾类、P. 工程设计类、Q. 地下管线类、R. 声像类等 18 个大类、102 个属类，适用于大、中、小城市（县），包括各类技术、经济开发区的建设档案的分类。

Q 类即地下管线类，下设 9 个属类：

①地下管线综合材料

②给水管线

③排水管线

④供气管线

⑤供热管线

⑥供电管线

⑦电信管线

⑧军事管线

⑨工业输送管线

各馆（室）还可以根据分类管理的需要，在上述属类下增设小类。

（2）专业管线管理单位地下管线档案的分类

城市供水、燃气（煤气、天然气、液化石油气）、热力、电力、电信等专业管线管理单位一般都是企业。根据国家档案局 1991 年发布的《工业企业档案分类试行规则》规定：工业企业档案分类设置 10 个一级类目，即党群工作类、行政管理类、经营管理类、生产技术管理类、产品类、科学技术研究类、基本建设类、设备仪器类、会计档案类、干部职工档案类。地下管线档案属于基本建设类，作为其下的一个类目（属类）来归集本单位的地下管线档案。

如某市自来水公司的基本建设类为本单位第 6 大类，其下按照区域设公司本部、水表仪器厂、工程所、机施队、净水设备厂、水厂、供水公司、管线工程 8 个类目，并按具体工程项目设置三级类目，如下列图示。

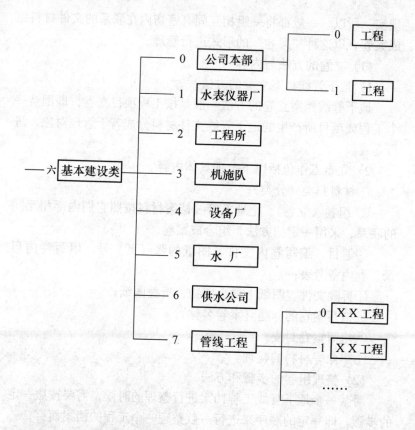

56. 地下管线档案如何立卷?

立卷或者叫做组卷,就是将一组组有密切联系的地下管线文件材料组成一个个保管单位。卷、册、袋、盒等是保管单位最常见的基本形式。

立卷是地下管线档案整理中一项最基础的工作,也是最为繁重、复杂的工作,其水平高低、质量高低,直接影响着案卷标准化程度和现代化管理水平。档案与图书不同,图书购入时已是一本本的,每本就是管理的一个单位,不存在组合的问题;而档案则往往是由很多单份文件和图纸等文件材料构成。如果以单份的文件材料为管理单位,数量众多,头绪纷杂,很不方便,也很不现实。所以，一般都将一组相互间有密切内在联系的文件材料组成案卷，以这种"案卷"的形式进行管理。

(1) 立卷的方法与内容

1) 地下管线档案立卷的方法

地下管线档案立卷的方法一般是按工程项目立卷，即围绕一个工程或项目所产生的地下管线文件材料分成若干管理对象，进行立卷。

2) 立卷工作包括以下七项具体内容

①材料归类（分类）；

②组卷（立卷），把地下管线档案材料按照它们内部相互间的联系，采用一定的方法，组合成案卷；

③编目，编写卷内文件、图纸的张（页）号，填写卷内目录、卷内备考表；

④拆除文件、图纸上的金属物，折叠图纸；

⑤拟写案卷的标题（案卷名称）；

⑥填写案卷封皮；

⑦声像等材料的整理。

(2) 整理组卷的步骤和方法

对某一个地下管线工程档案进行整理的时候，需要按照一定的步骤，即一定的顺序来进行。就整理一个工程的档案而言，一般可以采取如下的步骤和方法：

1) 了解情况，拟定方案，初步理顺

这就是整理前的准备工作。这项工作做的好坏，对于实际整理工作的进行有一定的影响。准备工作做得周到细致，实际的整理工作就可能比较顺利。所谓"了解情况"，主要是了解：①工程概况：地点、规模（大小、投资）；②时间：开、竣工及移交时间；③档案的数量及主要内容；④档案的完整程度等情况。情况了解清楚后，就可以研究和拟定整理工作的方案了。整理工作方案应包括：整理的要求，保管单位的形式（盒、卷）如何分类组卷、人员分工、场地等。在看阅、了解情况及拟定方案时，就对该地下管线档案进行初步理顺，主要是：对文件材料进行鉴别，剔除与本工程无关的材料，并按基建程序中各环节对文件进行归类等等。

2）将工程的文字材料与图纸分别进行整理。

首先，将各类文件材料分别归类，每类中再依时间为序分别排列。

其次，按照地下管线档案的自然形成规律，确定档案材料的排列顺序。基本的排列原则是：

①文字材料在前，图纸在后。

②总体性的档案材料在前，局部性的在后。如总体性的有：项目申请、批复、测绘和地质勘探、可行性研究和方案论证、征地拆迁文件，有关协议和合同，建设工程规划许可证材料、开竣工报告和竣工总结。局部性的有：各种材料试验报告、各种验收记录等。

③施工文件按工作程序及时间顺序排列。以文件材料形成的时间或文件材料内所反映的时间顺序排列。

④按隶属关系排列。如：总图在前，其他组配图纸在后。

⑤主体工程图纸在前，附属工程图纸在后。

3）细分和组卷，草拟案卷标题

即将该地下管线档案细分为若干项、目，分成若干部分，初步组合成卷。每卷内容尽可能单一，同一内容尽可能少跨卷（即尽量不要分在两卷中），卷与卷间内容应相互衔接，并初步拟写案卷标题。这是档案整理工作中最费时间的一个步骤，也是决定整理工作质量好坏的关键步骤。

4）全面审查案卷

在做完上述工作后，须对初步分类所立的卷进行进一步的整理，对各类中的类、项的放置，根据情况适当调整和补充，并再一次对每卷中的内容分别查核一遍。一查大的项目排列是否合理，是否符合上述排列原则；二看卷内各类、项、份材料的排列组合的合理性，并将卷与卷之间、卷内各文件图纸之间的排列顺序固定。

5）卷内整理工作

①编写卷内文件的张（页）号。用打码机在文件右下角空白处、照片在反面左下角，打流水码，每一卷从头至尾打一个流水码，即每一卷采用阿拉伯数字从 1 开始累计标注。目的是为了固定排列的顺序，明确卷内数量，防止混乱、散失。

②填写卷内目录和备考表

卷内目录是调阅查找图纸、文件必不可少的条件之一，所以每卷之首都应有该卷的卷内目录。

卷内目录的项目一般有：序号、文件编号、责任者、文件题名、日期、页次、备注等。序号，是指该份文件材料在本保管单位中的具体排列序号；文件编号，填写文件制发机关、团体或个人编写的顺序号，包括发文字号、图号等；责任者，指文件材料的形成单位或个人；文件名称，是指该份文件材料的具体名称，一般写单份文件文首的题目名称，原文题名含意不清或无题名的，应重新拟写题名；日期，填写文件的形成日期；页次，填写该份文件首页的张（页）号；备注，用于填写必要的说明。

备考表是用来记载和说明存前和归档后卷内文件材料的基本情况和变化情况的一种说明。

备考表的内容项目：记载和说明卷内的文件材料的基本情况，即档案材料的数量情况和完整、准确程度；记录卷内文件在管理工作中的变化情况，即文件的数量增减情况和质量情况，并由整理人员或管理人员签字。

③拆除文件、图纸上的金属物，折叠图纸

为防止金属物锈蚀文件，必须拆除文件、图纸上的金属物。图纸按手风琴式折叠形式折叠成 A4 图幅大小。并按所编张（页）号顺序放入卷盒内。

6）确定案卷标题，填写封面

案卷标题一般应反映：建设单位、工程名称、本卷内容这三部分内容。如果这三个特征仍反映不全卷内内容，则要根据情况相应增加。如时间特征、性质特征、册数特征、地点特征等。

案卷封面内容主要内容有：档号、案卷题名、编制日期、密级、保管期限等。

57. 地下管线档案如何编目？

编目是按照一定的规则、目的和使用对象，按照相应的方法及其规则为各类型文献编制目录的工作。主要任务是对文献形式特征和内容特征进行描述和揭示。主要内容包括著录、标引、目录组织。其最终结果是编制各种目录，建立馆藏检索系统。

目录是由揭示档案（文献）特征的条目汇集而成并按照一定次序编排的文献检索工具。目录的职能主要是对文献的形式和内容特征进行描述，为利用者提供档案的目录，以揭示馆藏内容，提供检索馆藏档案的工具。

常见的地下管线档案目录有：分类目录、专题（工程名、责任者、主题）目录以及总帐目录等。

编目的基本方法和内容如下：

（1）著录

地下管线档案著录是在编制城建档案目录时，为提地下管线档案信息，对地下管线档案的内容和形式特征进行分析、选择和记录的过程。对地下管线档案著录的了解可以参看第58问"地下管线档案如何著录"，具体的著录工作内容详见《城市建设档案著录规范》（GB/T50323—2001）。

档案著录的结果是形成反映工程（项目）、案卷、文件内容和形式特征的著录项组合的条目。条目可以是纸质的，主要有卡片式和书本式。条目也可以是机读的，在计算机广泛应用的今天，机读条目所占比重越来越大。

（2）标引

对地下管线档案的标引分为分类标引和主题标引。

分类标引是依据本单位制定的档案的分类表（分类细则），通过分析地下管线档案的内容性质与特征，对其进行归类，标注档案号。

主题标引是依据一定的主题表，通过分析地下管线档案所反映的主题内容，去揭示其内容特征的研究对象。其具体内容是拟定主题词。

标引的结果应该反映在条目上。

(3) 目录组织

目录组织是按照一定的原则和方法将条目进行有序的组织排列（在机读目录内机器自动组织排列）。组织排列方法有字顺组织法和学科系统组织法。

字顺组织法：按条目的某著录项目的字顺将条目组织成字顺目录，如工程名、责任者、主题等。

学科系统组织法：按条目揭示的学科体系的标识（档号、分类号）将条目组织成分类目录。

在档案管理业务工作自动化的今天，条目数据库可以根据要求，自动形成地下管线档案的各种目录。

编目工作是一项比较细致的技术性工作，具有连续性、累积性规律。为保证目录质量，必须具有良好的编目规则，制定详细、明确的规章制度。编目工作人员要做到有法可依，有章可循，克服工作中的盲目性、随意性，使各种目录做到规范、统一，提高目录的效能。

58. 地下管线档案如何著录？

地下管线档案著录是在编制城建档案目录时，为提取地下管线档案信息，对地下管线档案的内容和形式特征进行分析、选择和记录的过程。根据《城市建设档案著录规范》的要求，地下管线档案应采用三级著录，即工程项目级、案卷级和文件级。三级著录有着明确的分工：

工程项目级——以工程项目的内容与特征为对象、突出专业特征、特点。

案卷级——以案卷所记载的内容及其特征为对象。

文件级——以单份文件所记载的内容及其特征为对象。

地下管线档案著录具体内容如下：

(1) 工程项目级著录内容

1) 题名项

著录地下管线工程项目的名称。

题名一般由地址+工程（项目）名称或建设单位+工程名称或责任者+事由构成。必要时题名中应增加管径、材质等特征内容。如：

新模范马路铺设 $DN1000$ 自来水管线工程

上海路（汉中路—广州路段）铺设 $\phi500$ 钢管给水管线工程

2) 责任者项

设置六个责任者，分别为工程建设单位、项目批准单位、设计单位、监理单位、施工单位、竣工测量单位。著录相应的单位名称。

3) 文件编号项

著录与该工程项目直接相关的文件编号。主要有：地下管线工程项目立项批准文件号、建设工程规划许可证号、建设工程用地规划许可证号、建设工程用地许可证号、工程设计（勘察）编号、建设工程施工许可证号、建设工程竣工验收备案登记号。

4) 密级与保管期限项

一般以本工程项目所涉及案卷中的最高的密级和最长的保管期限来确定（著录）。

5) 时间项

一般设置和著录工程项目的开、竣工日期。

6) 数量及单位

著录本工程项目案卷数和单位名。

7) 专业记载项

①地形图号

著录工程所在地点在 1:500 或 1:1000 的大比例尺地形图的图幅号。

②长度

著录管线的长度。以米为单位，著录到小数点后两位。

③规格

著录管线的口径尺寸。以毫米为单位。如 $DN1000$、$200mm \times 100mm$ 等等。

④孔数

著录管线的孔数，如 12 孔、16 孔等。

⑤材质

著录管线的材料类型，如预应力混凝土管、铸铁管等。

⑥工程地址

工程地址著录管线工程的起止点。本市工程著录区（县）、街道（乡、路）、门牌号（村、队）；外地工程著录省、市（县）、街道（路）名。

⑦地形图号或地理编码

著录工程规划红线图所用的 1:500 或 1:1000 大比例尺地形图的图幅号或工程地点的地理编码。

8）附注项

对一些在各记载项中未能表达或著录不清楚的进行解释和补充。如副题名等没设置的可在此项中著录。

9）提要项

对所著录工程项目的综合情况或特点进行描述和介绍。

10）排检与编号项

排检与编号项有档号、存放地址、主题词等项。档号应著录该项目所立案卷的起止档号；存放地址著录该档案所存放的库房、排架的编号；主题词以该工程项目为对象进行著录。

地下管线档案工程（项目）级著录示例：

地下管线工程（项目）级著录单

工程名称		北京东路新街口段Φ750排水干管改造工程				
责任者	建设单位	XX市排水管理处管线所	立项批准单位	XX市市政公用局		
	设计单位	XX市政工程设计事务所	施工单位（总）	XX市排水管理处管线所		
	监理单位	东南监理有限公司	竣工测量单位	XX测绘研究院		
文号	立项批准文号	X公市字（2001）156号	工程规划许可证号	X规市字2001第0136号		
	用地规划许可证号		用地许可证号			
	设计号	20010003	施工许可证号	X建施字2001第0127号		
专业记载	单项工程名	长度m	规格	孔数	材质	荷载	地形图号
		257米	Φ750	1	水泥		162230-4-1-1
	开工时间	2001-09-03	竣工时间	2001-10-29	工程预算	62.1万	工程决算	69万
	工程地址	海红区北京东路文体路口—华侨路口				
档案状况	案卷	1卷	底图		照片		底片	
	录音带		录像带		磁盘		光盘	
	磁带		缩微片		其他			
	密级		保管期限		移交时间	2002-01-28		

续表

附注					
提要					
排检与编号	档号	Q30-0073		缩微（电子）号	
	存放地址	604库 09 排 03 节（柜）05 层			
	主题词	城市建设	市属	市政工程	排水管线
		竣工档案			

(2) 案卷著录内容

案卷级著录内容设置为：题名项、责任项、载体类型、密级与保管期限、时间项、数量及单位、规格、附注项、排检与编号项。

1) 题名项

题名项著录案卷题名，案卷级题名一般应由工程项目名称（题名）加案卷内容构成。

2) 责任项

责任项著录案卷封面上的编制单位。

3) 载体类型

载体类型著录档案载体的物质形态特征。载体类型分为底图、缩微片、照片、底片、录音带、录像带、光盘、计算机磁盘、计算机磁带、电影胶片、唱片等。根据档案实际载体类型著录，除底图外，以纸为载体的档案一律不著录本项。

4) 数量及单位

数量著录时必须用阿拉伯数字，单位用与档案案卷物质形态相一致的统计单位，如"卷"、"袋"、"册"、"盒"等。

5) 规格

规格指档案载体的尺寸及型号，如"16mm"，"5吋"。

载体类型、密级与保管期限、时间项、数量及单位、规格、附注项、排检与编号项。

6）密级与保管期限项

密级与保管期限根据立卷时确定的案卷密级和保管期限著录。

7）时间项

对案卷级时间项著录案卷内文件形成的日期，可以是一个日期，也可以是一个时间范围。

一般案卷起止时间为卷内文件形成最早、最晚时间。起止时间著录中间用"-"相连，如："1987.07.03-1988.12.14"。

8）附注

附注项著录各个项目中需要解释和补充的事项，依各项目的顺序著录，项目以外需要解释和补充的列在最后。

9）排检与编号项

排检与编号项是案卷实体管理的依据和手段，它们对应和继承工程项目级排检与编号项的主体部分并加以细化。

（3）文件级著录内容

文件级著录内容设置为：题名项、文号（图号）、责任者、文本、密级与保管期限、时间项、数量及单位、规格、附注项、排检与编号项。

1）题名

文件的题名又称标题、题目，是直接表达档案中心内容、形式特征的名称。

题名照原文著录。对于以第二种语言文字书写的与正题名对照的并列题名，必要时与正题名一并著录。原题名含意不清或无题名的，应重新拟写题名后再著录。并加"［　］"号。

2）文件编号

文件编号著录文件制发机关、团体或个人编写的顺序号，包括发文字号、图号等，按照原文字和符号著录。如"关于印发

《城市建设档案分类大纲》(修订稿)的通知",其文号为"建办档〔1993〕103号",文件编号项著录"建办档〔1993〕103号"。

竣工图应著录竣工图的编号。如例：建竣—11

以施工图加盖竣工图章代竣工图的，依然著录施工图纸的编号。如：建施—12

3）责任者

文件级的责任者指文件材料的形成单位或个人。分第一责任者和其他责任者。第一责任者是指列于首位的责任者，其他责任者是指除第一责任者以外的责任者，一般只著录第一责任者，最多著录两个责任者。

4）文（稿）本

文（稿）本是指档案的文稿、文本和版本，依实际情况著录为正本、副本、草稿、定稿、手稿、草图、原图、底图、蓝图、试行本、修订本、复印件等。

5）密级与保管期限项

文件的密级按文件形成时所定密级著录。

文件的保管期限是指根据文件价值确定的文件应该保存的时间，一般分为永久、长期、短期三种。建设工程文件的保管期限的确定可以参照《建设工程文件归档整理规范》的规定。

6）时间项

时间项著录文件形成时间。一般文书如计划通知、项目申请报告、工程项目批复的形成时间为发文时间；决议、决定、规定为通过时间或发布时间；工程合同、协议书为签署时间；报表计划为编制时间；工程设计图纸为设计时间；工程竣工图为编制完成时间，如图上没有签注编制完成时间，则以工程竣工时间代替。

7）数量及单位

数量用阿拉伯数字，单位用档案物质形态的统计单位，如"页"、"张"、"盘"、"幅"等。

8）载体类型

载体类型项著录档案载体的物质形态特征。

载体类型分为底图、缩微片、照片、底片、录音带、录像带、光盘、计算机磁盘、计算机磁带、电影胶片、唱片等。根据档案文件的实际载体类型著录,除底图外,以纸为载体的档案一律不著录本项。

9) 规格

规格著录文件载体的尺寸及型号,"A0"、"210cm×160cm"、"16mm"等。

10) 附注与提要项

附注项著录各个项目中需要解释和补充的事项,依各项目的顺序著录,项目以外需要解释和补充的列在最后。

提要项是对文件内容的摘编和评述,应反映其主题内容、重要数据(包括技术参数)。一般不超过200字。

11) 排检与编号项

文件档号是档案馆在档案整理过程中对档案的编号。文件级的档号继承项目级与案卷级档号的主体,并进一步细化。具体的档号著录依据各馆、单位制定的分类法(细)则的规定进行。

12) 缩微号或电子文档号

缩微号是档案馆赋予档案缩微品的编号。电子文档号是档案馆对声像档案数字化后形成的电子文件所编制的一组符号代码。

13) 存放地址号

存放地址号著录文件所属案卷存放的库房、柜架的编号。一般包括库号、列(排)号、节(柜)号、层号。

14) 主题词

同样,文件级的主题词除沿用案卷级的主题词外,应增加1~3个反映文件内容部分的主题词。

59. 地下管线档案如何保管和存放?

地下管线档案的保管,是指根据档案的成分和状况,所采取的存放和安全防护措施。

（1）档案保管工作的任务

地下管线档案保管工作的任务有两方面：一是了解和掌握档案损坏规律，通过经常性工作，采取专门的技术措施，最大限度地防止和减少档案的损毁，延长档案的寿命，维护档案的系统性和完整性，保证档案的安全；二是采用科学的方法管理库房与排架，确保充分合理地利用库房空间，方便快捷地查找利用。

（2）档案保管的基本要求

地下管线档案载体材料的主要成分是纸张等有机物，因此，安全保管的防护措施有多方面的要求，具体反映在温湿度控制、防霉、防光、防尘、防虫、防鼠、防磁、防火、防盗等方面。其解决的重点有三个方面，即库房建筑、设备配置和科学管理。

库房温湿度的调控是地下管线档案保护的中心环节，适宜的温湿度可以延长地下管线档案的寿命，不适宜的温湿度是地下管线档案的百害之首。库房温湿度的控制以及防潮、防热可以通过库房建筑和温湿度控制设备来实现。温湿度控制好了，霉菌没有滋生的环境条件，自然就杜绝了档案霉变的发生。各种载体的地下管线档案的保管对温湿度有不同的要求，具体指标见下表。

档案保管环境温度、相对湿度范围表

	纸质档案	胶片、照片档案	磁带、录音像磁带	电子档案
温度（℃）	14~24	13~15	14~24	17~20
相对湿度（%）	45~60	35~45	40~60	35~45

防光的措施有：档案库房应减少光通量，降低照明度，照明采用白质灯外加灯罩。阅览、展览等都要防止阳光或有紫外线的光线直接照射，以防纸张变黄变脆，线条印迹逐渐消褪。

防尘的措施有：用吸尘器清扫，库房门窗密闭，刮风天不宜用自然通风，机械通风进风口设置空气滤清器等，以防止灰尘摩擦纸张纤维，腐蚀档案材料。

防虫、防鼠。主要是经常保护库房的清洁，创造使虫鼠不能出现和繁殖的条件；对新入库的档案应进行杀虫处理；库房内严禁放置食品。

随着录音、录像和电子技术的发展，库房内储存磁带、磁盘、光盘等越来越多。为确保磁性材料的保管安全，有必要开辟专用库房和防磁柜保管磁性材料。

防火是库房管理的重要环节。首先，库房要建立严格的防火制度，如库房内严禁吸烟和使用明火等；其次，要配备必要的消防灭火器材，如安装烟火灾自动报警设备、各种灭火器、消火栓等；第三，必须定期检查，健全消防预案和消防器材的管理和使用制度。

在安全防盗方面，库房要有一定的安全防盗的设备和设施，安装防盗报警器、监控系统等。

(3) 库房与排架管理

1) 库房管理

对库房及库内的档案柜、架进行合理的划分、排列与编号，对不同载体的档案实行分库（柜）管理。为便于管理和查找有关档案，可以编制库房、排架及各类档案存放索引。

2) 排架管理

地下管线档案在库内排列的方法本上有两种：分类排架法和流水排架法。

分类排架，是按照本单位的档案分类方案，将档案按所确定的类目进行分别排列，每个类别内按入库的时间顺序依次进行排架。分类排架法实质是分类—流水排架，其档案的排架与档案的实体分类相一致。分类排架的优点在于方便调阅，但需要在库内预留各类的排列空间，且不可避免地会因某类档案存放空间不够而倒库。

流水排架，又称顺序排架法。这种排架方法就是不分类别，一律按地下管线档案入库时间的先后依次进行排架。其优点是排架方便，不必预留空位，也不必倒架，库房组织简单，缺点是查找较为困难。

排架的编号一般自左向右编,具体的档案排列上架时,应按照自左向右、自上而下的顺序进行排列。

对永久保存的珍贵档案和绝密级档案,应实行重点保护,设置专库或专柜管理。这样既便于平时维护其安全,又便于发生突然事件时重点转移和抢救。

60. 什么是地下管线档案鉴定?如何鉴定?

地下管线档案鉴定就是根据一定的原则和方法鉴别地下管线档案的历史和现实价值,确定地下管线档案的保管期限,剔除没有或失去保存价值的地下管线档案。

(1) 鉴定工作的内容

地下管线档案鉴定工作包括两方面的内容:一是整理鉴定,二是定期鉴定。

1) 整理鉴定

整理鉴定是在地下管线档案归档时对档案文件进行的一次鉴定,主要解决如下问题:

①对归档的地下管线档案中文件的完整性和准确性进行鉴别、核实,保证归档的地下管线档案质量。

②鉴别文件材料有无保存价值,从而确定文件材料的取舍,剔除无需归档或无保存价值的文件材料。

③判定地下管线档案价值的大小,据以确定保管期限的长短,对每个归档案卷划出保管期限。

整理鉴定一般由该地下管线工程的档案员(专、兼职)、工程技术人员在本单位管理部门或城建档案管理机构的指导下进行。

2) 定期鉴定

定期鉴定是针对已经归档入库,并且保存了一定年限的地下管线档案进行的鉴定,其主要解决如下问题:

①对已过保管期限的地下管线档案重新进行审查,把失去利用价值的地下管线档案剔除销毁;

②对原来划定的保管期限不当的地下管线档案，重新进行价值鉴定；

③审查地下管线档案的机密等级，根据实际情况进行密级调整；

④鉴别、核对地下管线档案的准确性和完整性，做好相应的更改、补充工作。

(2) 鉴定工作的实施

1) 成立地下管线档案鉴定组织

地下管线档案鉴定组织包括领导小组和工作小组。

鉴定领导小组，一般由主管档案工作的行政领导、主管技术业务工作的技术领导、档案部门的负责人组成，负责地下管线档案鉴定工作的领导、技术及业务指导和有关计划、规定的审批。

鉴定工作小组，一般采取有关领导、主要专业的工程技术人员和档案人员三结合的组织形式，具体承担地下管线档案的鉴定工作。

2) 开展鉴定工作

鉴定工作包括：编制或审查本单位的地下管线档案保管期限表；具体进行库藏地下管线档案价值和质量的鉴定分析工作；对已过保管期限的地下管线档案重新进行审查；剔除失去保存价值的地下管线档案；编制剔除、销毁清册，起草鉴定报告等。

3) 销毁

根据上级对鉴定报告和销毁申请的批复，按档案销毁程序和要求开展销毁工作。

地下管线档案鉴定是一项严谨、慎重的工作，它要求鉴定小组的成员不仅要有强烈的责任心，而且要求他们了解本单位的全面情况和管线建设发展的情况，熟悉地下管线档案的形成过程和利用价值，掌握档案鉴定工作的一般要求和方法，具有较高的专业技术水平。

六、地下管线普查普测

61. 地下管线普查主要包括哪些工作？

地下管线普查是按照城市规划、建设、管理的需要对城市建成区范围内的各类地下管线情况进行全面的探查和测量，取得完整准确的地下管线资料和数据，这是目前解决城市地下管线资料不完整、不准确和不符合现状等问题的基本手段。地下管线普查主要包括地下管线探查、地下管线测量和地下管线信息系统建设三大部分。

地下管线探查包括地下管线现况调绘，用物探和实地调查的方法确定管线的位置、埋深、走向和管线附属设施情况，设立管线点等工作。地下管线现况调绘是全面收集现有各类管线资料，它需要城市规划、建设、管理和管线权属单位共同参与，提供管线资料。

地下管线测量包括管线点测量、管线图编绘等。如果城市建成区范围内测量控制点密度和地形图现状程度不能满足地下管线测量的需要，还必须进行必要的控制点补充测量和地形图更新补测。

地下管线信息系统建设包括计算机设备配置、网络建设、应用系统开发、数据库建设、数据动态管理维护和数据利用服务等工作。

由于管线普查涉及部门多、工作复杂，为保证工作的顺利开展，一般需要由市政府相关领导牵头设立管线普查工作领导小组，协调各有关部门的工作。同时成立由规划或建设部门领导牵头的管线普查工作实施领导小组，负责管线普查工作组织、工程实施等具体工作。

管线普查一般是全市范围的、大面积的，根据城市规划管理等工作需要或由于条件限制，也可以把城市分成几个区域，分期组织探测工程施工。

工程成果质量是整个管线探测工作的关键，必须要保证管线探测无丢漏，管线空间位置准确无误。防止追求低工程价格、赶工期造成质量问题，尤其要加强隐蔽管线点探测成果的质量验收工作。

开展普查一定要重视工程监理工作，《城市地下管线探测技术规程》明确规定：地下管线普查工程要建立工程监理制，进行全过程的质量监控，工程监理机构应在作业单位完成各工序自检合格的基础上对作业过程各工序进行质量检查，并提交工程监理报告。由于地下管线普查工作综合性和专业性都很强，应选择职业素质好、具有监理工作经验的专业监理单位。监理单位要对业主负责，要严格执行质量标准，也要协调解决好作业单位在工程作业过程中遇到的问题。为保证工程合同的履行，保证探测工程进度和成果质量，从签订合同开始，监理单位应对地下管线探测工程进行全程监理。要有明确的监理职责和监理方案，保证管线探测工作的探查、测量和计算机系统建设的各个工序过程和成果质量都在监理监控之下。

一般情况下，管线动态管理机制的建立应与普查工作同时进行，保证普查工作结束后，管线动态管理机制能有效地运行，使以后无论新增加的还是废弃的管线，其资料数据可及时进入数据库，对数据进行更新，保证管线资料数据的现势性，满足城市规划、建设、管理的需要，为政府决策和应急事件处理提供支持。如果管线动态管理机制不能有效地运行，管线数据不能全部进入数据库，随着城市发展势必会造成重复探测、重复投资，城建档案馆就无法履行好建设部 136 号令赋予的职责。

地下管线普查要综合应用物探、测绘、计算机、网络、GIS、数据库等先进技术手段完成管线探测工程和数据库系统建设，同时还要建立可行的管线动态管理机制，解决全市相关部门、管线权属单位的数据共享问题，形成科学合理的地下管线管理体系。

62. 地下管线普查主要遵循哪些标准规范？

地下管线普查工作主要遵循的标准规范有两类，一类是国家与行业标准，包括：

《城市测量规范》CJJ8—99

《城市地下管线探测技术规程》CJJ61—2003

《全球定位系统城市测量技术规程》CJJ73—97

《城市勘察物探规范》CJJ7—85

《1:500、1:1000、1:2000 地形图要素分类与代码》GB 14804

《1:500、1:1000、1:2000 地形图图式》GB/T7929

《信息技术软件包质量要求和测试》GB/T 17544

《城市地理要素—城市道路、道路交叉口、街坊、市政工程管线编码结构规则》GB/T14395

另一类是地方标准，是各省、自治区、直辖市制定的相关技术规程和标准。

有些国家与行业标准不是强制性标准，但有些标准中含有强制性条款必须严格执行。

各城市在开展地管线普查工作时，可根据国家标准、行业标准和地方标准，制定本城市在普查过程中统一遵守的规范性文件。

不管执行什么标准，都必须在工程合同文件中明确，作为工程监理和工程结束时成果验收的重要依据，不得随意更改。

63. 地下管线普查的基本工作程序是什么？

地下管线普查工程复杂、涉及部门多，大城市特大城市资金投入非常大，必须做好项目的规划计划、组织实施工作，遵从科学的工作程序，地下管线普查的基本工作程序是：

（1）项目可行性研究与立项

可行性研究报告要说明管线资料数据的现状、存在的问题和普查工作的必要性。根据城市规划、建设、管理的要求，明确普查工作的目的、目标，问题的解决方法，普查工作的组织管理方式，工程的实施计划与工程所需的资金等；还应说明动态管理机制的建立和数据共享问题的解决方案，以及其他城市的做法和可借鉴的经验等。

(2) 项目招标

在项目确定和工程资金落实后，开始工程的实施。按照政府有关规定，工程的承担单位要通过招投标来确定。招投标工作可由项目组织者自己做，也可委托中介公司负责招标文件的编写和组织评标工作。招标文件中的工程各项要求务必具体明确，尤其要明确执行的标准规范和探测成果的规格、质量。

如果探测工程量较大或工期较短，可把整个工程划分成若干个标段，由若干个工程承担单位同时开展工作。一般情况下管线探测和管线计算机管理系统建设工作要由不同的单位承担，但有的管线探测单位同时具有管线计算机管理系统开发建设的能力。工程承担单位是管线探测工程质量的关键，要选择信誉好、业绩好、技术力量强的探测单位。

(3) 管线探查

管线探查工作的第一步是开展管线资料现况调绘工作。要从规划、设计、专业管线公司、测绘、城建档案管理等有关单位广泛收集管线规划、设计、竣工、测量等图纸文字资料，分类整理绘制成大比例尺的现况调绘图，作为管线探查作业时的参考依据。管线探查工作的第二步是在管线资料调绘工作的基础上，到实地查明各种地下管线在地面上的投影位置、埋深、走向，以及规格、材质等属性数据，并在地面上设置管线点标志。明显管线点的数据通过调查量测即可获得，隐蔽管线点数据需要开挖或使用物探仪器探查确定。

(4) 管线测量

探查工作完成经过质量验收后，即可开始管线点测量工作，测定管线的平面位置和高程。如果测量控制点的数量和密度不能满足管线点的测量需要，先要进行控制点的补充测量。如果没有大比例尺地形图，或地形图已过时，不反映现状，还要新测或修测大比例尺地形图。

外业测量工作结束后需要对测量成果进行数据整理，形成符合规范或工程合同要求的规格、形式。

管线图编绘也是管线测量的主要工作内容，即把管线点测量成果展绘到大比例尺地形图上，用不同的颜色、线形和符号表示不同种类的管线，并加以文字注记，形成管线图。从形式上管线图可分为条状管线图和方块状管线图。从表现内容上可分为综合管线图、专业管线图和管线断面图。现在管线图编绘可以在计算机上完成。

(5) 管线探测成果验收

管线探测成果验收是管线探查和管线测量两部分成果的验收工作，如果管线普查工作不包含计算机管理系统建设，那么管线探测成果验收就等于是项目的成果验收。成果验收工作是在监理单位的监理验收基础上进行的，如果发现成果存在问题，要由责任者负责解决。

(6) 管线计算机管理系统建设

管线计算机管理系统用来存储、维护管线探测数据，是实现管线信息动态管理的基础。系统建设工作主要有计算机设备的配置、应用软件集成开发、建立管线数据库等工作。

(7) 项目验收

项目验收是对管线普查工程的管线探查、测量、计算机系统建设工作的全面验收，验收工作一般在计算机管理系统能够稳定运行之后，以组织专家验收会的形式进行项目验收。

(8) 管线数据资料动态维护管理

管线计算机管理系统投入正式运行后，最主要的工作是随时接受新的管线资料数据，对管线数据库数据进行及时更新，保持管线资料数据的现状性，为政府、社会公众提供管线资料服务，实现管线资料数据的动态管理。

64. 地下管线普查成果验收的主要内容是什么？

地下管线普查成果主要验收以下内容：
①工程合同或任务书、工程技术设计书。
②已有成果资料的利用情况、仪器设备的检验记录。
③探测作业时的各种探查草图、原始记录、计算资料。
④探测作业单位的质量报告书、精度统计表，监理单位的监理记录、监理报告。
⑤控制测量成果、管线成果表、各种管线图、管线的图形与属性数据。
⑥地下管线信息管理系统软件与数据库。
⑦地下管线探测报告书、地下管线信息管理系统报告书。

65. 地下管线探测应采取哪些安全保护措施？

城市地下管线探测的外业作业是一项危险性较大的工作，作业过程中必须采取有效安全保护措施，防止意外事故的发生，保证探测作业人员的人身安全。存储探测数据的计算机系统也容易受到病毒的破坏，数据可能被非法使用，要有相应的措施保证计算机系统和管线数据的安全。《城市地下管线探测技术规程》附录A中有六条强制性的安全保护方面的规定，要求在地下管线探测作业时必须遵守。工程中标单位必须根据实际情况制定安全作业措施，并作为合同条款写进项目合同。

这六条强制性的规定是：
①从事地下管线探测的作业人员，必须熟悉本工作岗位的安全保护规定，做到安全生产。
②对规模较大的排污管道，在下井调查或施放探头、电极导线时，严禁明火，并应进行有害、有毒及可燃气体的浓度测定。超标的管道要采取安全措施后才能作业。
③严禁在氧、煤气、乙炔等易燃、易爆管道上作充电点，进行直接法或充电法作业。
④使用大功率仪器设备时，作业人员应具备安全用电和触电

急救的基础知识。工作电压超过 36 伏时，供电作业人员应使用绝缘防护用品。接地电极附近应设置明显警告标志，并委派专人看管。雷电天气严禁使用大功率仪器设备施工。井下作业的所有电器设备外壳必须接地。

⑤打开窨井盖作实地调查时，井口必须有专人看管，或用设有明显标志的栅栏圈围起来。夜间作业时，应用安全照明标记。调查完毕必须立即盖好窨井盖，打开窨井盖后严禁作业人员离开现场。

⑥地下管线信息管理系统运行中应采取必要的措施，防止病毒和数据流失，确保数据安全。

66. 地下管线探测的取舍标准是什么？

所谓地下管线探测的取舍是指哪些管线需要探测，哪些管线可以不探测。地下管线探测的取舍标准应考虑三方面的因素：一是现有的国家标准、行业标准、地方标准和本城市的普查要求；二是本市管线分布、疏密程度等具体情况；三是本市城市规划、管理部门提出的要求。同一城市由于地下管线探测的取舍标准不同，造成探测工程量和工程费用以及数据维护工作量都不同。

一般来说取舍标准只是针对给水、排水和燃气管道而言，是根据管道直径大小进行取舍的，其他几种管线按规范要求全部要探测，没有取舍问题。下表规定了一般情况下管线探测的取舍要求。

管线种类	需探测的管线
给水	管径≥50mm 或 ≥100mm
排水	管径≥200mm 或方沟≥400mm×400mm
燃气	管径≥50mm 或 ≥75mm
工业	全测
热力	全测
电力	全测
电信	全测

注：此表引自《城市地下管线探测技术规程》（CJJ 61—2003）表 3.0.9。

67. 金属管线和非金属管线探查方法有什么区别？

地下管线从材质上可大致分为金属管线和非金属管线两种。在交通繁忙城市道路上采用开挖的方式进行隐蔽管线探查作业越来越困难，物探技术在管线探查工作中得到了越来越广泛的应用。从目前的物探技术来看，探查金属管道和电缆效果好，设备操作灵活方便，工作效率高。常用的设备有管线探测仪、金属探测仪；常用的方法有直接法、夹钳法和电磁感应法。

在城市里探查非金属管道还是技术难题，手段不多，工作效率不高。一般采用电磁波法和地震波法，现在常用设备是地质雷达。地质雷达也能探查电信号传导弱的金属管线和并行与交叉的金属管线，其探查能力弥补了管线探测仪的探查缺陷，但此设备价格贵，运输、使用费用较高。

68. 什么叫测量管线点？

所谓管线点是在地下管线探查工作过程中设立的管线测量点，通过对管线点的测量获取地下管线准确的平面坐标、高程、管线走向和附属设施信息。

管线点一般设置在管线的特征点在地面的投影位置上。管线的特征点包括交叉点、分支点、转折点、起讫点、变深点、变坡点、变径点、变材点、上杆、下杆、窨井及管线其他附属设施的中心点上。

管线点分为明显管线点和隐蔽管线点两种。前者的位置和埋设深度可实地量测，后者的位置和埋设深度必须使用仪器探查或开挖量测才能确定。

如果在管线段上没有特征点，也要按一定的间距设置管线点。按《城市地下管线探测技术规程》的规定，管线点的间距要根据探测任务和管线复杂程度来定，一般掌握在图上距离 10~15cm。

69. 地下管线建（构）筑物和附属设施有哪些？

地下管线的主要建（构）筑物和附属设施如下表所列。

地下各种管线上的建（构）筑物和附属设施

管线类别	建（构）筑物	附属设施
给水	水源井、给水泵站、水塔、清水池、净化池	阀门、水表、消火栓、排气阀、排泥阀、预留接头、阀门井
排水	泵站、沉淀池、化粪池、净化构筑物、暗沟出口	检查井、跌水井、水封井、冲洗井、沉泥井、进出水口、污水箅、排污装置
燃气、热力与工业管道	调压房、煤气站、锅炉房、动力站、储气柜、冷却塔	涨缩器、排（气、水、污）装置、凝水井、各种窨井、阀门
电力	变电站（所）、配电室、电缆检修井、各种塔（杆）	杆上变压器、地面变压器、各种窨井、人孔井
电信	变换站、控制室、电缆检修井、各种塔（杆）、增音站	交接箱、分线箱、各种窨井、检修井

注：此表引自《城市地下管线探测技术规程》表 4.2.9。

70. 什么是地下管线成果表？

地下管线成果表是地下管线探测的成果之一，成果表集中了地下管线探测所获取的主要管线信息。地下管线成果表主要内容包括：管线点编号与类别、管线种类、规格、材料、权属部门、埋设年代、埋深、管线点的平面坐标、高程等。另外还包括管线探测单位、工程名称、工程编号、图幅编号等信息。地下管线成果表的编制工作是管线探测的重要内容之一，成果表一般以城市基本地形图图幅为单位分专业编制，成果表的内容、格式应符合《城市地下管线探测技术规程》的规定。

71. 地下管线探查的主要工作有哪些？

地下管线探查是地下管线普查的主要工作内容之一，地下管线探查的主要目的是实地查清所有地下管线埋设情况，设立管线点标志并确定管线的位置、埋深。地下管线探查的主要工作有：探测技术方案设计、管线现况调绘、管线实地调查、管线物探探查、管线点标志设置、探查工作质量检验、探查监理等工作。

地下管线普查成果质量关键在于管线探查的成果质量，如果探查的位置不准确甚至有错漏，管线点测量精度再高也没有任何意义。探查工作开始之前，作业单位一定要仔细了解探查区域的各种相关情况，有针对性地制定合理可行的探查作业技术方案，配备有经验的作业人员和合适的仪器设备。监理单位也要严把质量关，做好探查作业各个工序的质量监督工作。

72. 怎样对地下管线探查工作质量进行检验？

地下管线探查工作质量检验工作分为两个方面，一方面是承担管线探查工作的单位自己进行质量"三检"，即作业组自检、部门互检、单位主管部门验收，完成后编写质量检验报告。另一方面，监理单位要对管线探查工作实行全过程的质量监控，在作业单位自检合格基础上，对作业过程各工序进行质量检查并提交工程质量监理报告。

《城市地下管线探测技术规程》（CJJ61—2003）的第 4.6.2 条作为强制性条款，要求每个工区必须在隐蔽管线点和明显管线点中分别抽取不少于各自总点数的 5%，通过重复探查进行质量检查。检查取样应分布均匀，随机抽取，在不同时间，由不同操作员进行。质量检查应包括管线点的几何精度检查和属性调查结果检查。

73. 地下管线探测成果的质量等级是如何划分的？

地下管线的探测成果质量的划分有两种方式。第一种方式，成果质量划分为合格与不合格两种，这种划分方式适合于一般探测工程。第二种方式，成果质量划分为优、良、合格、不合格，这种划分方式适合于要求较高的探测工程。

按《城市地下管线探测技术规程》（CJJ 61—2003）的第4.6.4条强制性条款的规定，对隐蔽管线点必须进行开挖验证，并应符合下列规定：

① 每个工区应在隐蔽管线点中均匀分布、随机抽取不应少于隐蔽管线点总点数的1%且不少于3个点进行开挖验证；

② 当开挖管线与探查管线点之间的平面位置偏差和埋深偏差超过该规程第3.0.12条第一款规定的限差的点数，小于或等于开挖点数的10%时，该工区的探查工作质量合格；

③ 当超差点数大于开挖总点数的10%，但小于或等于20%时，应再抽取不少于隐蔽管线点总点数的1%开挖验证。两次抽取开挖验证点中超差点数小于或等于总点数的10%时，探查工作质量合格，否则不合格；

④ 超差点数大于总点数的20%，且开挖点数大于10个时，该工区的探查工作质量不合格；

⑤ 超差点数大于总点数的20%，但开挖点数小于10个时，应增加开挖验证点数到10个以上，按上述原则再进行质量验证。

74. 地下管线探测报告书和普查成果验收报告书应包括哪些内容？

按照《城市地下管线探测技术规程》的要求，管线探测作业单位在探测工程结束后要编写地下管线探测报告书。报告书是关于管线探测工程的综合性文件。委托方通过报告书可了解探测合同的执行过程，工程的实施情况，工作过程中遇到的问题和采取的措施，探测成果和存在的问题等等。由于探测工程规模大小不同，管线种类多少不同，以及管线复杂程度不同，报告书内容也有所不同，一般应包含以下内容：

① 探测工程概况：包括工程依据、工程要求、地理位置、地形条件、工程日期、实际完成工作量等。

② 技术措施：各工序作业的标准依据，起算点坐标和高程数据，使用的仪器设备，技术方法。

③ 应说明的问题与问题的处理措施。
④ 探测成果质量情况：各个工序质量检验结果和评定结果。
⑤ 有关建议。
⑥ 提交的成果。
⑦ 附图与附表。

管线普查的探查、测量、管线图编绘、计算机管理系统建设等工作完成并成果检验合格，由工程监理单位出具监理报告后，普查工程委托单位即可组织成果验收，形成成果验收报告书。成果验收报告书主要包括以下内容：验收目的、验收组织情况、验收地点与时间、验收基本情况、发现的问题与处理意见、验收结论等。

75. 地下管线普查成果合格的验收标准是什么？

按照《城市地下管线探测技术规程》（CJJ 61—2003）第8.3.2条规定，验收合格的成果要符合如下要求：

① 成果资料应齐全。
② 探测技术措施应符合规程和经批准的技术设计书的要求，重要技术方案的变动要有委托单位的批准并应提供充分的论证说明材料。
③ 所利用的已有成果应有成果提供单位出具的证明材料和监理单位的确认。
④ 所有原始记录、计算资料和起算数据经过检查审核程序，有抄录、记录、检查、审核者签名。
⑤ 仪器检验和校准记录、质量检查记录齐全，发现的问题已处理和改正。
⑥ 各种管线图均经过作业人员和专业人员的室内图面检查、实地对照检查、仪器检查、开挖验证，并应符合质量要求。
⑦ 数据成果的格式应符合管线信息系统的要求，图形和属性数据文件的数据应与提交的成果一致。
⑧ 探测报告书内容齐全，能反映工程全貌，结论正确，建

议合理可行。

⑨ 成果资料组卷装订符合城建档案管理要求。

⑩ 管线信息系统应达到预期的设计效果。

76. 地下管线普查成果资料的整理有哪些要求？

普查工程结束后，作业单位应及时将工程成果资料整理归档。成果资料的整理归档基本要求是：

第一，将所有普查成果资料全部收齐。

第二，分类。按照地下管线普查成果资料的来源、形成时间、内容和形成的特点等，对所有资料进行分类。分成一组组具有密切联系的文件组，为立卷奠定基础。如：按照地下管线专业可划分为：给水管线、排水管线、供气管线、供热管线、供电管线、电信管线、军事通信管线、工业输送管道等。

第三，立卷。

① 将工程报告书、验收报告书、工程依据与凭证文件、工序原始资料、管线成果表、管线点调查表、专业管线图、综合管线图、断面图等资料组成案卷，并根据资料数量的多少组成一卷或多卷。

② 卷内资料的排列：卷内资料的排列顺序为：案卷封面、卷内目录、资料部分、备考表和封底。文字资料在前，图纸资料在后。

③ 编号：案卷内资料用阿拉伯数字顺序编写页码。号码的填写位置在资料的右下角。案卷封面、卷内目录、备考表和封底不编写页号。案卷的编号从1开始流水编号。

④ 拟写案卷题名及案卷封面：案卷题名是直接表达案卷内资料的中心内容、形式特征的名称。一般由地址（桩号）+工程名称构成，或由建设单位+工程名称构成，必要时增加时间项。案卷封面应填写工程名称、案卷题名、编制单位、工程负责人、编制日期、密级、保管期限、案卷编号等。

⑤ 填写案卷备考表，案卷备考表填写资料总张数、文字、

图纸的页数、立卷人、立卷单位、接收部门、日期等。

⑥ 编写卷内目录：包括资料题名、资料原编号、编制单位、资料起止号。

第四，案卷的排列。按照立卷内容从 1 开始排列案卷顺序。

第五，资料规格。统一采用 A4 幅面，小于 A4 幅面的资料要用 A4 白纸衬托。

第六，图纸折叠及资料装订。图纸折叠后的尺寸应与文件资料尺寸相同。图纸资料与文字资料必须装订成册，装订时须将案卷封面、卷内目录、备考表、封底与案卷一起装订。

七、地下管线信息计算机管理

77. 什么是地下管线资料动态管理？

地下管线资料动态管理是指在地下管线普查工作结束后或在已有的准确完整的管线资料数据库基础上，及时汇集各专业管线竣工测量数据和竣工档案资料，对管线数据库随时进行更新，保证综合管线资料的现势性，满足城市规划、建设、管理的需要，为政府和社会提供便捷有效的管线资料服务。一个城市要实现地下管线资料动态管理就必须要有管理机制的保证和技术手段的保证，二者缺一不可。

从目前各地情况看，动态管理的核心是建立健全管理机制。实践证明，要实现地下管线信息的动态管理，必须实行管线资料的集中统一管理，而要实现集中统一管理，必须有规划、建设行政管理部门、各管线产权单位以及测绘、档案等单位的分工协作，密切配合，还要有可行的实现资料集中管理的地方法律法规，建立有效的行政管理手段，并且能够保证得到执行，这个问题才能解决好。首先，地下管线工程建设全过程都应在法律法规制约和行政管理监控之下。在城市规划范围内的任何部门和单位的地下管线工程要有规划部门、建设部门的规划审批和开工审批，否则其他部门不得批准其占用挖掘道路、占用绿地。其次，工程竣工后，建设单位或权属单位必须依法及时进行管线竣工测量，获取准确的管线竣工位置数据，建设单位或权属单位要依法负责竣工档案的编制，并在法律规定时间内将数据和档案移交给数据和档案集中管理部门。第三，要有专门的管线动态管理机构负责管线竣工测量数据和竣工档案资料的收集和管线数据库的实时更新，使地下管线资料数据保持现状状态，从而及时为城市规划、建设、管理和突发事件的应急处理提供完整准确的地下综合管线图纸、数据和资料。

要实现管线资料动态管理,还需要有技术上的保障。管线资料计算机管理系统提供了实现管线资料动态管理的基本平台,动态管理工作的运行还需要一套全市统一的业务管理规范和数据的格式标准,便于部门和单位间数据的交换。此外,还要解决数据的共享问题。要区别数据使用部门是管线权属单位和非权属单位,数据资料盈利性使用和公益性使用等问题。数据的安全保密也是一项非常重要的工作,也必须有严格的管理制度。

78. 什么是地下管线信息管理系统?

地下管线信息管理系统是利用计算机技术、网络技术、GIS技术等建立的地下管线数据计算机存储管理系统,是实现地下管线数据实时更新,保证城市地下管线资料实现动态管理的基础。

地下管线信息管理系统一般由以下六部分组成:①计算机硬件设备:服务器、存储设备、微机、数据处理与输入输出设备等;②网络;③软件:商品软件(操作系统、数据库管理、GIS、CAD、开发工具等)、应用软件(根据需要开发的数据处理、数据利用、数据管理等软件);④数据库:各类管线图形数据与属性数据、地形图数据、规划道路数据、元数据等;⑤系统的维护管理人员;⑥保证系统运行的规章制度与标准规范。

地下管线信息管理系统的核心是数据库,数据库建设前,开发人员一定要对数据的种类、内容、范围和数据的使用要求等进行详细的调查分析,设计合理的数据结构,采用标准化的数据格式,经实验验证后再进行大规模的数据导入,并要有完备的数据备份措施。

地下管线信息管理系统的建设是一个资金投入大、工作量大、技术复杂、质量要求高的工程。系统建设要坚持实用性、稳定性、安全性、技术先进性、规范化和标准化等原则。

系统开发要遵循科学合理的工作程序,每个阶段的工作都要有详实、完整的文字资料。

79. 针对地下管线信息管理系统数据的主要标准规范有哪些？

地下管线信息管理系统主要由城市基本比例尺地形图数据库、地下综合管线图形与属性数据库、规划路红线数据库、符号库以及数据管理系统等构成。针对系统数据的主要标准规范包括：城市基本地形图要素分类编码、地下管线及附属物的分类编码、地下管线的代号和颜色、地下管线图图例、地下管线点成果表、地下管线成果表数据库的基本结构、地下管线元数据标准等。

《城市地下管线探测技术规程》（CJJ 61—2003）对系统数据作出了很多规定，如：附录 B 地下管线探测附表；附录 D 地下管线的代号和颜色；附录 E 地下管线图图例；附录 F 地下管线图图样；附录 G 地下管线点成果表；附录 H 地下管线成果表数据库的基本结构；附录 I 地下管线及附属物的分类编码。此外，国家还公布了以下三个标准：

①《1:500、1:1000、1:2000 地形图要素分类与代码》GB 14804

②《1:500、1:1000、1:2000 地形图图式》GB/T 7929

③《城市地理要素—城市道路、道路交叉口、街坊、市政工程管线编码结构规则》GB/T 14395

各城市、各单位可根据国家标准、行业标准和地方标准，制定本城市建立地下管线信息管理系统的有关规范性文件。

80. 地下管线信息管理系统应具备哪些功能？

地下管线信息管理系统的功能主要根据用户需求来确定，系统具有的功能应以满足用户需要为标准。《城市地下管线探测技术规程》（CJJ 61—2003）第 7.3.1 条要求地下管线信息管理系统应具备七个基本功能：

①地形图海量数据管理功能：系统应具有海量图库管理能

力,可对地形图统一管理(数据的增加、删除、编辑、检索),具有图幅无缝拼接和按多种方式调图的功能。

②数据输入与编辑功能:系统应能支持地形图和管线的扫描矢量化、手扶跟踪数字化、实测数据转入等多种数据输入方式。能进行常用 GIS 平台双向数据转换,具有图形变换、地图投影方式转换和坐标转换功能、地下管线的属性数据与图形数据的联动编辑功能;建立和维护地下管线数据拓扑关系的功能。

③地下管线数据检查功能:管线点号和线号重号检查、管线点特征值正确性检查、管线属性数据合理性和规范性检查、测点超限检查、重力流管线管底高程正确性检查、管线交叉和管线数据拓扑关系检查等。

④管线数据查询与统计功能:包括管线空间定位查询、管线属性数据与图形数据的双向查询、管线断面查询;查询结果可用于统计分析。

⑤管线信息的分析功能:包括管线碰撞分析、事故分析、抢险分析、最短路径分析等。

⑥管线数据更新维护功能:管线属性数据与图形数据的联动增加、删除和修改。

⑦系统的输出功能:包括地形图和管线数据的图形输出和属性数据查询统计结果输出。

81. 地下管线信息管理系统建设要经过哪些工作阶段?

《城市地下管线探测技术规程》第 7.4.1 条规定,地下管线信息管理系统建设应包括以下九个工作阶段:

①系统建设立项可行性论证:立项可行性论证一般由系统的使用单位根据城市的实际状况和实际工作需要,确定项目的建设目标和工作内容、项目所需的经费、系统软件平台。

②需求调查分析:包括系统功能需求;系统性能需求;系统设计约束;系统外部接口;系统的安全性、可用性、可维护性、可移植性和警告等属性内容。

③系统总体设计：系统总体设计在需求分析后进行，包括确定系统目标和总体结构；子系统的划分和模块功能设计；标准化设计；网络设计与软硬件配置；系统开发计划安排。

④系统详细设计：系统详细设计在系统总体设计完成后进行，详细设计工作包括：使用界面设计；子系统设计；功能模块设计；各类数据集设计；数据库结构设计。

⑤软件编码实现：软件编码工作在系统详细设计完成后进行，包括各个子系统、各个功能模块和应用界面的代码编写；模块测试与质量控制；编写用户操作手册。

⑥样区实验。样区实验工作在系统全面建设之前进行，主要目的是：检验系统功能和数据结构设计的合理性和可行性；检查数据采集与输入的准确性；软、硬件的性能与系统运行效率；输出结果的正确性。

⑦系统集成与试运行：管线数据录入系统后要由数据检查工具进行数据检查，保证数据完整正确；系统建成后应进行3个月以上的试运行，对系统进行全面考核与运行磨合，在试运行过程中应逐步完善系统的管理、维护和信息更新制度。

⑧系统验收：系统试运行合格后，应对系统进行包装，提交正式验收。验收应以需求调查分析报告和系统的总体设计为依据，对软件的各个功能进行测试，确定是否符合设计要求。系统开发方应提交软件和数据备份存储介质、用户手册、地下管线信息管理系统建设项目报告书等文档资料。

⑨系统运行维护：包括系统日常运行维护和数据更新。

地下管线信息管理系统建设是一个复杂的系统工程，系统建设的委托方和系统建设方必须相互配合，明确需求，设计并遵循科学合理的工作步骤与操作规程。地下管线信息管理系统建设过程应有有效的项目管理和质量控制，数据必须进行百分之百的重复检查，并应对系统用户进行系统使用与维护培训，保证系统建设成功和顺利运行使用。

82. 地下管线信息管理系统报告书应包括哪些内容？

地下管线信息管理系统建设完成后，也要提交系统建设报告书。报告书内容与系统规模大小有关，一般应包括以下内容：项目的背景情况、项目目标与任务边界、系统结构与关键技术、系统开发过程、数据情况、项目成果、项目存在的问题与建议。

八、地下管线档案信息的利用与服务

83. 专业管线管理单位和建设单位如何开展地下管线档案利用服务工作？

专业管线管理单位和建设单位首先应全面、系统地收集本专业、本单位的地下管线档案，并及时归档，进行科学的整理、编目和保管，向本专业系统、本单位及有关单位提供利用服务；其次，专业管线管理单位应根据地下管线档案绘制专业地下管线综合图，及时开展地下管线的补测补绘，将更新信息反映到专业地下管线综合图；第三，专业管线管理单位在新建、改建地下管线工程以及地下管线维护、抢修中，应当主动向设计、施工等单位提供工程现场及毗邻区域内地下管线资料，并要求它们到城建档案管理机构查阅工程现场及毗邻区域内其他专业地下管线资料；第四，专业管线管理单位和建设单位在进行工程建设时，不仅需要利用本单位保管的地下管线档案，还应该主动向市城建档案馆查询工程现场及毗邻区域内其他专业地下管线档案，为本单位工程建设服务；第五，专业管线管理单位和建设单位应积极向在本专业、本单位管线附近进行工程建设、施工的建设单位、施工单位提供该现场及毗邻区域内的地下管线档案。

84. 到城建档案管理机构查阅地下管线档案有哪些规定？

（1）查阅地下管线档案须持有单位介绍信及有效身份证明，填写查询申请表，说明查询目的、查询地段、所查管线等。

（2）单位查询地下管线档案资料应出具工程建设依据性文件，个人查询地下管线档案资料，还应提交所查询的地下管线权利凭证。

(3) 查询人查阅地下管线档案，应当在城建档案管理机构设定的场所进行。任何单位和个人不得擅自将地下管线档案带离城建档案管理机构。

(4) 查询人在查询时应保持地下管线档案的完好，不得对地下管线档案进行圈点、画线、注记、涂改或者拆页，也不得损坏查询设备。

(5) 阅档室内禁止吸烟，并不得携带水、食品等可能损毁、污染档案的物品。

(6) 地下管线档案属秘密文件，查询人不得随意摘抄、复制地下管线档案内容。

(7) 查询人请求出具查询结果证明的，城建档案管理机构经审核后可以出具查询结果证明。查询结果证明应加盖城建档案管理机构印章。查询结果证明复制无效。

(8) 查询人查阅完毕，应将档案按原顺序整理好交还工作人员，并积极配合做好清点核对工作。

(9) 查询人对城建档案管理机构提供的查询结果证明，应负保密责任，一旦发生泄密事件，要承担相应的法律责任。

85. 城建档案管理机构如何开展对外利用服务工作？

(1) 城建档案管理机构对接收、收集的地下管线工程档案，应及时登记、整理并编制检索工具，为利用者提供完整、准确的检索目录。

同时，城建档案管理机构应运用现代信息技术管理地下管线档案，建立高质量的地下管线档案管理信息数据库，做到有档能查、查询全面、检索准确。

有条件的城建档案管理机构应该建立城市地下管线管理信息系统，实现地下管线信息的动态管理，全面提升地下管线档案的利用服务水平。

(2) 城建档案馆应建立和完善地下管线档案的鉴定、利用制度，对可以公开查询的地下管线档案尽快进行开放利用，积极开发地下管线工程档案资源；对需要保密的地下管线工程档案，按照国家有关规定进行保密管理。

(3) 在提供利用手段上，城建档案管理机构除提供馆内查询、阅档外，还应积极开展地下管线档案的远程查询、网上阅档。将公开的地下管线档案目录信息，乃至公开的地下管线档案信息在因特网上公布，为广大利用者提供方便、快捷的利用手段。

(4) 在查档方式上，除查询人到城建档案管理机构查询外，城建档案管理机构可以通过电话、电子邮件等方式开展代客查询、定题查询等服务，并为利用者提供查询报告、数据汇总分析报告、纸质复印件、电子扫描文件、数字照片等不同形式和不同载体服务产品，提高地下管线档案利用服务的水平与层次。

86. 到城建档案管理机构查阅地下管线档案是否收费？

到城建档案管理机构查阅地下管线档案信息，如果仅仅是查阅，不进行复制或开具证明，原则上是不收费的。

如果需要城建档案管理机构开具证明或提供复制服务，根据国家物价局、财政部1992年的规定，要适当收取费用。收费范围是：为落实房、地、财产、债务等和解决纠纷、生产建设以及进行其他盈利性商业活动的一切单位和个人利用档案，均属收费范围。收费项目有：第一，档案保护费，利用档案进行复制、照相等，需交纳档案保护费，标准为：建国后的档案每页收取0.05~0.10元；第二，复制费，由各地根据当地实际情况确定；第三，证明费，出具房、地等项证明，证明费为10~400元；第四，咨询费，标准由各地物价、财政部门根据当地情况制定。

87. 地下管线档案的保密制度包括哪些内容？

按照《建设部、国家保密局关于建设工作中国家秘密及其密级具体范围的规定》(建办 [1997] 49号文件规定，地下管线档案资料属于国家秘密级事项。

地下管线档案管理的保密制度，概括起来包括如下十项内容：

①档案库房属保密要害部位，非档案管理人员未经许可不得进入，更不得开启卷柜，翻阅卷宗；

②档案库房要增加防护设备，符合防火、防盗、防光、防虫、防尘和防污染的基本要求；

③档案资料的调阅，必须履行审批手续，完善登记制度，在指定地点阅读和规定的期限内归还；

④档案管理人员不得在个人通信、通话、闲谈中向外泄露管线档案内容；

⑤禁止将地下管线档案资料携带、传递、寄运至境外；

⑥机关、单位应当限定一定范围的人员接触地下管线档案；

⑦机关、单位应对工作人员进行保密教育，定期检查保密工作；

⑧地下管线信息网络必须与公共信息网实行物理隔离；

⑨地下管线计算机信息系统的研制、安装和使用，必须采取有效保密措施，设置系统访问控制、数据保护和安全保密监控管理等；

⑩发现秘密已经泄露或者可能泄露时，应立即采取补救措施。

九、各地地下管线档案信息管理的经验

88. 目前地下管线档案工作搞得较好的城市有哪些？

目前地下管线档案工作搞得较好的城市有：天津，河北保定，山西长治、临汾，辽宁沈阳、大连、普兰店，吉林白城，黑龙江齐齐哈尔、佳木斯，浙江杭州、温州，安徽蚌埠、铜陵，福建厦门，山东济南、潍坊、威海、莱芜等市，湖北谷城，湖南长沙，广东珠海、深圳、中山，新疆乌鲁木齐，等等。

89. "天津市地下空间规划管理信息中心"是如何开展工作的？

2004年5月，天津市规划和国土资源局经请示市政府，以天津市城建档案馆和测绘院为基础，开始筹建"天津市地下空间规划管理信息中心"（以下简称"中心"）。同时，成立了由局长为组长，副局长、局相关处室主要领导、档案馆主要领导为副组长的筹建领导小组，下设办公室，由各专业管线单位、城建档案馆指派专业技术人员组成。地下空间规划管理信息中心的主要工作任务和职责是：协调相关单位和部门，收集现有地下管线资料并进行整合；制定和完善新建地下管线报建和竣工资料报送管理程序，建立行之有效的动态管理机制；制定和完善相应的技术标准和管理规定，并对相关人员进行培训；结合市重点工程项目建设和当前建设亟需对地下管线普查资料进行实测，并组织开发和完善地下综合管网信息管理系统。天津市地下空间规划管理信息中心自筹建以来，开展了以下工作：

（1）初步建立了地下管网综合管理信息系统，实现动态管理。为建立管网系统，天津市规划局协调相关管线勘测及权属单位收集了部分现有资料，截至 2005 年 9 月，共接收道路长度 1973km，管线长度 14807km。编写了《天津市地下管线普查技术规程》。正在开展中心城区（外环线以内）约 371km^2 范围内，市政道路上总长度约 20000km（线公里）的综合管网普查工作。

（2）规范地下管线工程报建程序，强化地下管线的依法管理。2005 年 6 月 1 日，天津市规划局下发了《天津市地下管线工程档案信息动态管理办法》，将地下管线工程报建纳入了规划管理程序，主要内容是：地下管线建设单位在申请地下管线规划报建手续前，应向"中心"查询地下管线现状资料。已有现状资料的地区，由地下空间规划管理信息中心负责提供，尚无现状资料的地区，由"中心"负责进行招投标，建设单位委托中标单位实测现状综合地下管线图，同时委托竣工测量。"中心"负责组织对建设单位报送的管线资料进行验收，验收合格的方可作为规划报建用图。建设单位在领取市政工程《建设工程规划许可证》时，应到城建档案管理处办理档案预登记手续，签订建设工程档案报送责任书，接受工程档案预验收并在工程竣工后 90 日内报送档案。执法监察处在受理市政工程竣工规划验收时，应查验建设工程档案预验收证明及地下管线竣工测量成果验收合格等相关资料。未经档案预验收不予核发市政工程《建设工程规划验收合格证》。

（3）抓住重点单位，实现地下管线档案不欠新帐。天津市城投集团是全市最大的市政投资公司，其投资建设项目占全市市政工程建设项目的 80%。为提高工作效率，减少工作环节，规划局决定统筹安排城投集团所有建设项目土地手续和规划手续问题。同时，为节约资金，规范测绘市场，降低测量成本，规划局决定统筹安排道路管线现状、竣工测量等各项测绘任务，组织相关单位和部门为城投集团等业主单位的道路管线等工程提供测绘和办理国有土地证服务。为做到不欠新账，还清旧账，实现地下管线信息动态管理，天津市规划局还决定统筹安排城投集团所有建设项目进行管线竣工测量，并将全部资料汇交"中心"。

90. 为保证各部门协调配合，共同搞好地下管线档案动态管理，济南市采取了怎样的协调机制？

济南市 1992 年就颁布了《济南市地下管线工程档案管理办法》（济南市政府令第 40 号），对地下管线档案的形成、建档、管理、利用作了明确规定，但在多年的实际操作过程中也与其他各地一样，遇到了很多困难，主要表现在：地下管线产权单位数量逐年增多，增加了全市的统一管理难度；管线产权单位隶属关系复杂，难以协调管理；有的产权单位不能按规定向城建档案馆报送地下管线工程竣工档案；有的建设单位在管线覆土前不按要求进行竣工测量等等。

为彻底解决这些问题，2002 年济南市建委组织专门的调研组，对市内各有关单位和全国各有关城市进行了专题调研。经过调研，市政府决定：建立以济南市城建档案馆为中心，测绘院、各产权单位协调配合的两级管理体制；建立"济南市综合地下管线档案动态管理系统"，实现数据共享。具体运作模式为：通过济南城域网或其他网络环境，建立全市统一的地下管线计算机信息网络管理系统，以济南市城建档案馆为中心系统，以各产权单位、规划局、测绘院等单位为子系统，将建委、规划局、城建档案馆、测绘院、各产权单位连为一体；地下管线数据库由各产权单位录入和维护，1:500 地形图数据库由测绘院录入和维护，中心系统可以通过网络调用各子系统的最新数据，从而实现了网络互连，信息共享。为了统一地下管线数据标准，保证数据质量，济南市还制定了《济南市地下管线探测计算机成果技术规程》。

91. 厦门市地下管线动态管理的主要成就和经验有哪些？

厦门市计委自 2002 年 9 月开始，就把《厦门市地下管线探测及信息化建设》项目列入厦门市"十五"规划重点信息化建设项目，由市财政投资，开展厦门市地下管线探测和信息化工作。2005 年 6 月，厦门市完成第一期工程，完成管线控制测量网布设、管线数据采集、带状地形图测绘、数据建库、建立信息管理系统、建立管线局域专用网络等工作。共调查明显管线点189333个，探测隐蔽管线点108287个，探测管线总长5640km，测绘1:500带状地形图1709幅，编绘综合管线图1709幅，编绘专业管线图9167幅，装订档案3977册。地下管线数据信息已开始为厦门城市规划建设提供利用服务，已为规划局、水务集团、工程建设单位、管线权属单位、管线管理单位、管线施工单位、设计单位、科研单位、党政机关等190多个单位，提供管线电子图和纸质图共3887幅。管线信息为城市规划、建设、管理和避免管线事故的发生发挥了巨大的作用。

厦门市通过几年的实践，积累了丰富的经验，这些经验归结起来有如下四个方面：

第一，目标明确，组织管理科学。地下管线项目是一项技术性很强的系统工程，厦门市在制定项目方案时就提出明确的建设目标，即："建立综合地下管线信息管理系统、各专业管线信息管理系统；建成分级、分布式的地下管线及地形信息数据库；建立地下管线数据管理服务中心，建立公共数据交换服务平台；建立具有空间化、数字化、网络化、智能化和可视化的技术系统；建立切实可行的信息更新机制，实现地下管线信息的动态管理。为厦门市城市规划、建设和管理提供地下基础空间信息；为政府决策提供科学可靠的依据；为城市防灾减灾、保护城市地下管线提供准确的数据；为各类专业地下管线信息管理系统建设提供技术和数据支持"。围绕这一目标，厦门市城建档案馆拟定了科学的工作程序和工作计划，实施了有效的管理方式，如成立领导小组、建立技术工作小组、制定技术标准、建立工作例会制度、实行全过程监理、建立多级质量检查和审核制度等等。经过严密计划和科学管理，在短时间内就圆满完成管线项目任务。

第二，建立技术体系。围绕地下管线探测、数据建库、系统开发、成果验收和质量评定等项目工作，厦门市城建档案馆编制了多个技术文件，建立了一整套城市地下管线探测及信息化建设项目管理技术体系，为地下管线的科学管理与成果质量管理奠定了基础，也为我国城市地下管线信息化建设提供了参考依据。

第三，建立管线信息动态管理机制。厦门市深刻体会到，地下管线现代化管理光有技术管理体系是不够的，必须实现管线动态管理，才能实现管线长期的持续的现代化管理。为此，厦门市在项目建设的同时，通过立法程序和配套的管理措施，建立了管线信息管理机制。2004年出台了《厦门市地下管线工程档案管理办法》（厦门市政府令第112号）。制定了管线管理制度和管理程序，如：由地下管线审批部门将管线工程施工批准情况以"地下管线工程登记表"的形式抄送厦门市城市建设档案馆，并在行政机关网站上公布；厦门市城市建设档案馆将地下管线工程档案管理的相关规定和要求书面告知管线建设单位；管线建设单位按要求委托具有测绘资质的测绘单位进行管线工程竣工测量；管线建设单位将填写完成的"厦门市管线工程档案验收申请表"和整理装订后的管线档案报送厦门市城市建设档案馆；厦门市城市建设档案馆对接收的管线档案进行验收，并填写"建设工程档案内部（预）验收意见表"，验收合格后与管线建设单位办理"城建档案交接文据"；厦门市城市建设档案馆将管线数据更新进入管线数据库。

第四，实现管线数据集中管理和共享。厦门市以城建档案馆为依托建立了数据管理服务中心，作为数据共享和交换的公共平台，集中对各类管线数据进行分类、整理、标准化、更新入库、管理和分发。城建档案馆统一管理全市综合管线信息，通过城域专用网络，政府主要职能部门共享相应管线信息，各管线权属单位共享本专业管线信息。不但实现综合管线信息集中管理，提高管线信息化管理水平，而且实现信息共享。

92. 杭州市在地下管线档案管理方面近几年的主要做法有哪些？

杭州市在地下管线档案管理方面近几年的主要做法有以下四种：

第一，2000年8月9日，以第154号政府令发布了《杭州市城市地下管线工程档案管理办法》。该《办法》一是进一步明确了城市建设档案管理机构对全市地下管线档案和信息实行集中统一管理的法定职责。二是对市区内新建、改、扩建的城市八种专业管线的工程立项签订竣工档案报送承诺书、覆土前竣工测量、档案验收和验收认定、城市地下管线普查、地下管线动态管理一一予以规范。三是对全市地下管线工程档案的形成过程各责任主体所承担相关法律责任加以界定和明确，对违反规定做出相应的行政处罚规定。

第二，杭州市政府154号令实施后，针对实际工作中一些不便操作的问题，2001年4月，杭州市政府制定了印发了《关于实施〈杭州市城市地下管线工程档案管理办法〉有关问题的意见的通知》（杭政办发［2001］90号），作为政府令实施的补充细则。该文件明确了市城建档案馆对开发区地下管线工程档案实行统一管理；对于城市道路建设、小区建设项目中涉及的专业管线项目，在各专业管线工程施工前，由市城建档案馆委托道路建设单位和小区建设单位与各专业管线建设单位签订承诺书；对于不需办理规划审批的改、扩建地下管线项目，由市城建档案馆委托杭州市市政在窗口办理地下管线项目道路挖掘修复手续时，与各管线建设单位签订竣工档案移交承诺书。

第三，2002年，杭州市建委根据杭州市城建档案馆在地下管线档案管理过程中存在的困难，再次组织道路建设、管线施工、管线专业单位协调，并且以杭建科发［2002］39号文件重申，从2002年起，一是对单独和尚未办理规划、施工许可的更新、改造管线工程项目，实行工程项目档案备案制管理；二是从加强道路建设与地下管线工程着手，对每年列入城市维护计划的道路建设和管线更新、改造的审批计划抄送市城建档案馆备份。

第四，建设部136号令颁发后，杭州市城建档案馆从5月份起，对杭州市的上水、下水、电力、通信、燃气、热力等专业管线单位，对在杭州市进行专业管线施工的市政单位、建委直属的道路建设单位进行了调查研究;通过这次调查研究,进一步掌握了杭州市城市地下管线的建设审批、建设管理、测量管理的基本流程。也掌握了各单位的内部管理情况,了解了各单位对这项工作开展的要求和希望。

通过这些年的努力,杭州市城建档案馆基本上达到了全市新建、改建、扩建的各种专业管线档案的接收进馆。最完整的档案是煤气、热力、雨、污水管线档案。杭州市的 15000m^2 的住宅小区,较好地开展了小区的综合管线竣工测量,完成地下管线竣工测量 800 多公里,接收 81 份地下管线 CAD 电子文件。

93. 长沙市出台《长沙市城市地下管线工程档案管理条例》的主要经验有哪些?

在城建档案工作职能日益强化,地下管线工程档案管理日益紧迫的情况下,长沙市建委和城建档案馆认识到,制定地方性法规,把地下管线工程档案管理纳入法制化轨道,依法行政,加强管理,夯实法制基石是非常必要的,也是非常紧迫的。2003 年,长沙市建委报请市人大,并通过省、市人大做了大量艰苦细致的工作,使《长沙市城市地下管线工程档案管理条例》得以于 2004 年 11 月 28 日颁布。长沙市出台这一条例的主要做法和经验有以下四方面:

一是积极做好准备。从 2002 年开始,长沙市建委就要求市城建档案馆在加强管线工程档案业务指导的同时,应该加强管线事故抢险救灾工作中城建档案的提供利用和管线事故的统计分析工作,长沙市城建档案馆投入了大量的人力物力,积累了大量的第一手资料,包括查档原始记录、事故分析、损失统计、报刊摘要等等。

二是邀请考察调研。2003 年底,长沙市建委邀请 10 多位市人大代表多次到城建档案馆调研考察,通过调研,各位代表有很大触动。在 2004 年 1 月长沙市第十届人民代表大会第二次会议上,由 11 名代表联名提交的《请求制定〈长沙市地下管线工程档案管理条例〉的议案》被大会接受,并列为第1号议案。

三是积极推进。在人大会后,长沙市建委立即组成了专门领导班子和工作班子,配合市政府法制办起草《条例》,同时,广泛听取各重点工程指挥部、各建设单位和各管线产权单位以及勘察、设计单位的意见、建议,对《条例》(草案)共进行了17次大的修改,并报市政府常务会议审议。

四是组织考察和讨论。市政府常务会议审议通过后,长沙市建委又组织市人大、市法制办等相关领导、专家前往济南、天津、沈阳等10多个兄弟城市考察调研。同时,组织规划局、档案局、公用局、人防、军事、通信等职能部门进行讨论,结合他们的意见、建议,对《条例》(草案)又进行了几次大的修改。

经过不懈努力,《长沙市城市地下管线工程档案管理条例》于2004年10月27日经长沙市第十二届人大常委会第十五次会议审议通过。此后,又根据市人大意见,分别上门听取省档案局、省法制办和省人大意见、建议,做了两次较大修改,于2004年11月28日经湖南省第十届人大常委会第十二次会议批准正式颁布,并于2005年5月1日实施。

94. 大连市城建档案馆地下管线普查工作创出了一条怎样的新路子?

大连市城建档案馆近几年不断努力,探索出了一条"以地下管线档案现状调绘图数字化为主、以地下管线探测为辅"的普查新路子。

大连市政府1999年下发文件,决定对全市地下管线进行普查,以"数字化城市"为目标,逐步建立全市地理信息系统。同年12月,成立了大连市地下管线普查领导小组,下设办公室(设在市城建档案馆),开始了普查工作。2000年,大连市采用物探方法,完成了中山路和三八广场4个测区9.69km²的地下管线普查工作。探测完9.69km²地下管线后,大连市城建档案馆初步测算,全市探测至少需要物探经费几千万元,并且需要花大力气协调各家管线产权单位协同工作。对于像大连这种面积不小、地下管线又很复杂的城市来说，市政府是无法一下子投入那么多的资金用来搞管线普查工作的。为此，城建档案馆一直在寻找、探索更经济、实用的地下管线普查的新路子。经过详细调研，反复论证，并经专家评审，大连市城建档案馆终于探索出一条"以地下管线档案现状调绘图数字化为主、以地下管线探测为辅"的方法，并从2003年9月开始用于地下管线普查工作。这一普查新路子的主要内容是：

第一，"以地下管线档案现状调绘图数字化为主"。首先需要做好艰苦细致的协调工作，要采用多种方式调动20家产权单位配合城建档案馆做好管线调绘工作。其中，政府统一协调，制定规范标准，充分发挥产权单位积极性，信息共享是这种普查的突出特点。具体做法是：各管线产权单位按照大连市城建档案馆提供的电子地形图和属性填写规范，根据本单位管线档案属性资料和管线图纸资料完成管线数据调查和绘制工作，形成电子调绘图和属性表后交给管线办。再由管线办技术人员对图纸进行审核，使用《基于AutoCAD平台的管线数据采集与维护管理系统》软件工具将调绘图数字化成我们需要的规范的GIS数据，并将最终的数据成果和客户端管线查询管理软件一并返给各管线产权单位。由此，实现管线数据的规范统一和信息共享。

第二，"以地下管线探测为辅"。在进入最终的基于Arc/Info平台开发的《大连市地下综合管线信息查询管理系统》之前，要根据具体情况针对位置相对不准的管线辅以管线探测的方法进行检验、校准管线数据。在对地下管线进行探测抽检的过程中，还要对地下管线档案现状调绘图数字化成果进行验证和评估，确定地下管线档案的可利用度和可信度，达到翔实、准确地掌握管线信息数据的目的。

到2005年末，大连市城建档案馆采用这一普查新路子已基本完成了全市中心城区约300km^{2}调绘图数字化工作，并已从2005年8月份开始了"地下管线普查辅助探测工程"。因为已经有了详细的、规范的管线资料基础，再对地下管线进行物探时，就可以大大节省人力、物力和财力。据初步计算，这条新路子可为大连市政府节省近 1/3～1/2 的普查资金。

95. 深圳市地下管线档案信息管理系统建设的基本情况和主要经验是什么？

深圳市地下管线档案信息管理系统的建设，经历了起步、发展和完善三个阶段。

起步阶段：1994 年，深圳市城建档案馆与中国地质大学（武汉）合作，联合开发了《深圳市城市地下综合管线信息管理系统》，系统以国产软件 MAPGIS 为平台，初步实现地下综合管线信息的计算机管理。

发展阶段：随着地下管线信息量的不断增加，以及城建档案保证金制度取消导致工程开工报建地下管线查询方式的变化，1994 年版管理系统已越来越不能满足实际工作的需要。为此，1998 年深圳市城建档案馆决定对 1994 年版管理系统进行全面升级，引进美国 GIS 软件 Esri Mapobjects 和大型关系数据库 Sybase，重新开发《深圳市城市地下综合管线信息管理系统》。新系统基于网络环境，解决了早期系统基于单机运行造成输入系统与查询系统完全分离、信息管理量小、空间分析能力和图形信息管理功能不强等缺点，基本满足了地下管线信息管理和查询利用服务的新要求。

完善阶段：进入 21 世纪后，深圳市城建档案馆开始全面推行竣工图电子数据磁盘归档制度。针对新制度对信息录入功能提出的新要求，档案馆组织开发了地下管线竣工图数据采集子系统，该子系统使用 AutoCAD 扩展技术 ObjectARX，基于 AutoCAD 环境下运行，实现了地下管线竣工图 CAD 数据的实时、准确采集和汇总。完善后的《深圳市城市地下综合管线信息管理系统》由数据库管理子系统、信息录入子系统、信息查询子系统、信息输出子系统、信息统计子系统、地理信息子系统组成，基本实现地下管线档案信息管理网络化、信息采集网络化和实时化、计算机网络远程服务功能。

目前,《深圳市城市地下综合管线信息管理系统》管理了市内 80% 区域的地下管线信息,收录管线总长大约 3600km、管线节点数约 165000 个,管理专业管线包括雨水、污水、排洪、给水、燃气、电力、通信等,成为深圳市最权威的地下管线信息库之一,是深圳市城市建设、管理和防灾救灾工作的重要"帮手"。从 1994 年到 2005 年,已累计为 3235 个工程项目提供了地下管线信息查询服务,取得了巨大的社会效益和一定的经济效益。

深圳市地下管线档案信息化建设历时十余年,在这一过程中,主要有以下四点体会:

第一,档案馆领导的重视和上级主管部门领导的支持是关键;

第二,人才队伍建设是保障;

第三,完善的管理制度是基础;

第四,"服务"是带动信息化建设的火车头。

96. 保定市"GIS 地下综合管网信息管理系统"的两级构架管理方式是怎样运行的?

保定市政府于 2000 年正式发文批准开发建立了"GIS 地下综合管网信息管理系统"。该系统以 Windows 2000 为操作系统,MAPGIS 为基础平台,配备了绘图仪、数字化仪和刻录机,采用两级构架对地下管线档案进行动态管理。

两级构架管理方式为:一级为综合管线管理系统,设置在保定市城建档案馆,可为各专业管线管理单位提供各类专业管线信息,并作为建立二级系统的基础;二级系统建立在给水、排水、燃气、热力、通信、电力等各专业管线管理单位,各部门可根据自己的需要补充更详细的专业信息。两组系统之间通过计算机网络(或介质)交流数据,不断更新信息,保证系统内数据的现势性,达到动态管理,并实现资源共享。系统采用数据分层管理和标准化接口，实现地下综合管线的总体规划、设计施工、管线维护和网络分析一体化。

目前，系统分层保存了全市主要干道的给水、排水、燃气、电力、通信、热力等13种地下管线，从系统开发研制到2005年底，进行管线普查共计1334.9km，绘制1:500带状地形图140多公里、管线点成果表62本，为各专业管线管理单位、产权单位及相关部门提供了管线数据，有效地避免了施工过程中因地下管线底数不清、盲目施工造成的漏水、漏电、停电、中断通信等事故。截至2005年底，共接待查询200余人次，提供利用管线成果图300余幅，成果表约5000张，为城市规划、建设、管理、决策提供了技术支持和可靠依据。

97. 湖北省谷城县城建档案馆是如何通过艰苦努力，开展起全县地下管线普查的？

谷城县是湖北省经济发展比较落后的一个县，2002年10月县政府下发了《关于开展城市地下管网普查工作的通知》，成立了由政府分管县长任组长，政府办副主任、建设局长任副组长，各专业管线建设单位分管领导为成员的管线普查领导小组，设立了三个工作组，即协调督查组（由县政府督查室牵头，城建档案馆配合）、测绘组（县规划局牵头，城建档案馆配合）、资料管理组（城建档案馆牵头，各专业管线单位配合），开始了地下管线普查工作。普查工作启动的整个过程，凝聚着谷城县城建档案馆同志们的艰辛付出和勤奋工作。他们的主要做法有以下三个：

第一，想方设法，争取政府支持。为了能够顺利开展这项工作，城建档案馆大造声势，不断地向县、局领导汇报开展管线普查的重要性和必要性，以不同形式宣传其他城市的做法以及谷城县的优势。在汇报中他们克服了很多困难和障碍，首先是汇报程序上的问题，因城建档案馆是建设局的下级单位，要向政府汇报须经建设局批准或由局相关领导出面协调，这种程序会使汇报工作走弯路，并将影响汇报效果和延迟批准时间。为此，他们打破常规，减少中间环节，本着为人民办实事、为政府分忧的心态大胆越级汇报，在得到一定的成果后再向建设局领导汇报，这样在争取建设局领导支持上得到了事半功倍的效果。其次是汇报方法的问题，因城建档案馆不是政府职能部门，如直接向领导汇报，既不礼貌，又容易形成"夹生饭"，于是他们就先向政府办及相关科室的领导宣传汇报这项工作，在取得他们的认可和支持后，带着这些观点和思路又以不同方式向分管县长进行了有力细致的汇报，最终得到政府李县长和分管建设工作的两任副县长的真诚答复，要求抓紧时间准备好前期基础工作，并从吃紧的财政上解决了部分费用，由此推动了谷城县管网普查工作的进程。2002年10月，由当时分管城建的副县长及纪检组长主持召开了我县历史上第一次"管线普查工作会"，并做了探索性的安排和部署。2004年6月2号，在县政府2号会议室，由分管城建的副县长主持召开了近20个部门40余人参加的城市地下管线普查工作布置会。与会部门除各专业管线单位外，另有城关镇、人武部、交警大队、市容办、城管大队等协作单位参加，是一次规格高、组织密、要求严的会。2005年4月1日，在同样的地方，同样的与会部门，县政府又召开了第二次"管线普查工作督办会"，有力地促进了这项工作的实施进程。

第二，多方努力，寻求资金保障。普查工作的第一重要之处在于资金的筹措，没有经费，普查工作根本无法启动。谷城县城建档案馆采取的做法是：自己筹一点，政府拨一点，各专业管线单位赞助一点。由于各专业管线部门的赞助资金迟迟不能到位，县财政力有限，政府拨付款项过少，一时又不能到位，远远不能满足工作进展需求，城建档案馆无奈之下，一是卖掉了惟一一部公务用车，缓解了暂时的资金困难，保证了阶段性工作如期进行；二是积极通过业务渠道向市建设局、市政府、省建设厅求助，期望能够缓解资金压力，以减轻县政府负担；三是采取压缩业务经费的办法，从城建档案馆正常经费中挤出资金来维持工作运转。经过一次次艰难的运作，城建档案馆的努力得到了政府领导的赞赏和支持，后续拨款逐渐跟上，2005年县政府从县财政及配套资金中拨款20余万元（占整个普查经费的20%左右），并且县领导对普查工作更加重视。

第三，不厌其烦，抓好宣传和协调工作。由于各专业管线单位初期对这项工作的态度不积极，甚至存在严重抵触情绪。如果硬性推动这项工作，将会造成很多负面影响。尤其是目前大部分专业管线单位实行"垂直管理"，如电力、电信、移动等，他们对当地政府的意见并不十分重视。在这种情况下，要让他们移交档案资料，只有靠政策宣传，加上工作人员的勤奋及各部门对当地政府的一点认可来完成。两年来，谷城县城建档案馆跑遍了城区所有的大小街道和各管线单位，计100多次，其中由政府督办室领导牵头督办30余次。他们不厌其烦地对各部门的领导宣传县政府的态度、普查工作的意义、长远目标等等。在宣传中，谷城县城建档案馆首先以国家关于城建档案管理的政策法规进行"政策攻心"，宣传地下管线档案是城建档案的重要组成部门，必须接受建设行政主管部门的管理。其次以无私为社会服务的工作目标、殷勤的工作态度来感动人。如电力、通信等属"垂直管理"的部门，重大业务和经费须向市或省公司请示，谷城县城建档案馆去一次不行，再去一次，有的单位甚至跑了数十次，他们始终保持一种乐观豁达的态度去做工作，得到了各单位的理解和支持，最终取得了很好的效果。

经过艰苦努力，谷城县终于实现了全县范围内的地下管线普查。

98. 山东省莱芜市和威海市地下管线信息管理的运行模式有何特点？

莱芜市和威海市在地下管线信息管理的运行模式上十分相似，它们的共同特点有以下两方面：

第一，两市都由城建档案馆集中统一管理全市地下管线档案，开展了地下管线普查，建立了"地下管线信息动态管理系统"，对地下管线档案信息实行综合动态管理。

莱芜市 2000 年组织测绘了莱城地形，形成规划区内完整的 1:500 地形图和 1:1000、1:2000 地形图档案；探测了所有城区内的地下管线、地上杆线，建立了 9 个专业管线数据库、1 个综合管线数据库，形成全市管线基础普查档案资料；同时编制了市域 1:10000 地形图。在上述普查资料的基础上，开发了城市地理信息动态管理系统。

威海市 1999 年 11 月开始对环翠区、经济技术开发区、高新技术产业开发区、省级旅游度假区及刘公岛进行了地下管线普查工作，完成管线测量总长度 2090km。2001 年 5 月结束并建立了威海市地下管线管理信息系统。

第二，两市城建档案馆为保证地下管线数据的实时测量与更新，都组建了自己的测绘队伍。

莱芜市经与有关部门协商，将莱芜市规划测绘院划归市城建档案馆管理，测绘资质为乙级，配备了先进的测绘仪器、专业测量人员和专业管理人员。测绘院严格按照城市建设工程管理程序，实行竣工测量制度和补测补绘制度，随时将变化的地形地貌和地下管线数据测量并录入地下管线信息管理系统，每年测绘院还进行一次拉网式检查，彻底解决遗漏地下管线的补测补绘，确保地下管线数据的完整。

威海市城建档案馆专门成立了一支由专业工程测量人员组成的测量队伍，并配备了 GPS、全站仪、水准仪和探管仪等测量仪器，分组分区对新建、改建的各类地下管线进行跟踪测量，做到了人员到位、跟踪到位、管理到位。

99. 广东省中山市是如何把地下管线工程档案管理纳入规划管理程序的？

建设部《城市地下管线工程档案管理办法》（建设部令第 136 号）发布后，2005 年 6 月中山市规划局下发了贯彻落实建设部第 136 号令的通知（中规通 [2005] 17 号文），把地下管线档案管理工作纳入了规划管理程序。《通知》重申了要严格管线工程审批、竣工测量、规划验收、工程档案归档等各项管理制度，主要规定如下：

第一，所有地下管线工程（指城市供水、排水、燃气、电力、路灯、交通指挥灯、通信、电视等工程）建设单位领取《建设工程规划许可证》后，应将《建设工程规划许可证》制成公示牌，在施工现场挂牌施工，接受城管执法局的监督。凡未能出示《建设工程规划许可证》的管线工程，由城管执法局核实后进行处罚。

第二，所有新建、扩建、改建的地下管线工程必须进行竣工测量，受委托的测量单位应负责全程跟踪管线工程进度，并在覆土前进行竣工测量。管线测量单位应当按照《城市地下管线探测技术规程》（CJJ 61）的要求进行竣工测量，竣工测量成果须经过规划局验收。同时管线工程建设单位须按要求提供规划验收材料向市规划局申请规划验收，取得规划验收合格证。

第三，管线工程竣工后，建设单位必须按照建设部《城市地下管线工程档案管理办法》第十条的管线工程归档内容，向市城建档案馆移交管线工程档案。工程量较大的管线工程竣工验收前，建设单位必须提前通知市城建档案馆对管线工程档案进行预验收。

第四，加强地下管线违章行为的查处。地下管线工程不办理规划报建、不进行竣工测量、不办理规划验收、不按规定报送工程档案的，由市城建档案馆提供违章管线建设单位名单同时报规划局和城管执法局。规划局暂停受理其所有管线工程的报建审批业务，待其按照要求补办管线工程竣工测量、规划验收、报送工程档案后才恢复受理管线工程案件。城管执法局则按照《城市地下管线工程档案管理办法》第十七条进行处罚，每个管线工程项目"处 1 万元以上 10 万元以下的罚款"。

第五，为准确掌握地下管线信息，要求地下管线专业管理单位及时将更改、报废、漏测部分的地下管线档案报送给市城建档案馆。各管线专业管理单位限期向市城建档案馆报送本专业管网综合图（包括电子文件），同时每年12月20日前要向市城建档案馆报送专业管线图，用于修改补充地下管线数据库。

为保证上述规定的落实，中山市规划局商市城市管理行政执法局，建立了一个由两部门组成的地下管线工程联动管理体系，规划局负责地下管线的规划管理，城市执法局负责地下管线工程的违规处罚。同时，中山市规划局成立了地下管线工作协调领导组，组长由分管局长担任，职能是协调城市管理行政执法局、管线权属单位和本局相关科室等，监督地下管线各项管理制度的落实。

100. 山西省长治市是如何在经济不发达的条件下实现地下管线现代化管理的？

山西长治市经济比较落后，几年前，长治市城建档案馆连办公经费和人员工资都没有着落。近两年，新任馆长多方汇报，努力沟通和协调，积极争取上级主管部门和有关部门的支持，市财政开始每年给城建档案馆十几万元的拨款。2005年1月，建设部颁布了《城市地下管线工程档案管理办法》（建设部令第136号），要求各地加强地下管线档案管理。城建档案馆的领导们决心在资金十分紧张的情况下，省吃俭用，挤出资金，完成"地下管线档案信息动态管理"这一十分重要和急迫的任务。为此，他们开展了一系列工作。

第一，挑选软件。2005年5月，在多方调研的基础上，从深圳数字伟图信息技术有限公司引进了"城市综合地下管线动态管理系统"软件。

第二，准备电子地形图。为提供"城市综合地下管线动态管理系统"所需要的城市电子地形图，城建档案馆的领导们先后走访了土地管理局、规划设计院、测绘办等有关单位和相关人员，搜集到了700余幅测绘电子地图和一部分规划图纸等。经过深圳数字伟图公司的加工处理，2005年10月完成了图幅拼接、图形转换及数据说明等基础性工作。

第三，突击搜集各种地下管线资料。软件和电子地形图准备就绪之后，接下来就需要搜集地下管线数据。为此，城建档案馆及时向市建设局汇报，请建设局领导批准，2005年12月25日，市建设局向市区地下管线建设单位、产权单位、专业管理单位下发了《关于移交和报送地下管线建设工程档案资料的通知》。带着这一《通知》，城建档案馆的领导们亲自带队，组织员工分赴各单位搜集地下管线资料。经过细致的宣传讲解，城建档案馆顺利地从供水、热力、燃气、污水、电力、通信等部门收集到了地下管线资料。从《通知》下发，到收集到各种地下管线资料，城建档案馆仅仅用了四天时间。

第四，地下管线数据录入计算机管理系统。从2005年12月开始，长治市城建档案馆开始对所接收的地下管线资料进行分层录入。到2006年1月底，燃气、供水、热力、通信等地下管线数据已基本录入完毕，并开始了排水、电力、污水、人防等管线数据的录入工作，预计2006年3月底全部管线资料录入和整合完毕。

至此，长治市地下管线档案信息现代化管理工作已初步建立起来。

附录 1
城市地下管线工程档案管理办法

(2005年1月7日,建设部令第136号发布)

第一条 为了加强城市地下管线工程档案的管理,根据《中华人民共和国城市规划法》、《中华人民共和国档案法》、《建设工程质量管理条例》等有关法律、行政法规,制定本办法。

第二条 本办法适用于城市规划区内地下管线工程档案的管理。

本办法所称城市地下管线工程,是指城市新建、扩建、改建的各类地下管线(含城市供水、排水、燃气、热力、电力、通信、工业等的地下管线)及相关的人防、地铁等工程。

第三条 国务院建设主管部门对全国城市地下管线工程档案管理工作实施指导、监督。

省、自治区人民政府建设主管部门负责本行政区域内城市地下管线工程档案的管理工作,并接受国务院建设主管部门的指导、监督。

县级以上城市人民政府建设主管部门或者规划主管部门负责本行政区域内城市地下管线工程档案的管理工作,并接受上一级建设主管部门的指导、监督。

城市地下管线工程档案的收集、保管、利用等具体工作,由城建档案馆或者城建档案室(以下简称城建档案管理机构)负责。

各级城建档案管理机构同时接受同级档案行政管理部门的业务指导、监督。

第四条 建设单位在申请领取建设工程规划许可证前,应当到城建档案管理机构查询施工地段的地下管线工程档案,取得该施工地段地下管线现状资料。

第五条 建设单位在申请领取建设工程规划许可证时,应当向规划主管部门报送地下管线现状资料。

第六条 在建设单位办理地下管线工程施工许可手续时，城建档案管理机构应当将工程竣工后需移交的工程档案内容和要求告知建设单位。

第七条 施工单位在地下管线工程施工前应当取得施工地段地下管线现状资料；施工中发现未建档的管线，应当及时通过建设单位向当地县级以上人民政府建设主管部门或者规划主管部门报告。

建设主管部门、规划主管部门接到报告后，应当查明未建档的管线性质、权属，责令地下管线产权单位测定其坐标、标高及走向，地下管线产权单位应当及时将测量的材料向城建档案管理机构报送。

第八条 地下管线工程覆土前，建设单位应当委托具有相应资质的工程测量单位，按照《城市地下管线探测技术规程》(CJJ 61)进行竣工测量，形成准确的竣工测量数据文件和管线工程测量图。

第九条 地下管线工程竣工验收前，建设单位应当提请城建档案管理机构对地下管线工程档案进行专项预验收。

第十条 建设单位在地下管线工程竣工验收备案前，应当向城建档案管理机构移交下列档案资料：

（一）地下管线工程项目准备阶段文件、监理文件、施工文件、竣工验收文件和竣工图；

（二）地下管线竣工测量成果；

（三）其他应当归档的文件资料（电子文件、工程照片、录像等）。

城市供水、排水、燃气、热力、电力、通信等地下管线专业管理单位（以下简称地下管线专业管理单位）应当及时向城建档案管理机构移交地下专业管线图。

第十一条 建设单位向城建档案管理机构移交的档案资料应当符合《建设工程文件归档整理规范》(GB/T 50328)的要求。

第十二条 地下管线专业管理单位应当将更改、报废、漏测部分的地下管线工程档案，及时修改补充到本单位的地下管线专业图上，并将修改补充的地下管线专业图及有关资料向城建档案管理机构移交。

第十三条 工程测量单位应当及时向城建档案管理机构移交有关地下管线工程的1:500城市地形图和控制成果。

对于工程测量单位移交的城市地形图和控制成果，城建档案管理机构不得出售、转让。

第十四条 城建档案管理机构应当绘制城市地下管线综合图，建立城市地下管线信息系统，并及时接收普查和补测、补绘所形成的地下管线成果。

城建档案管理机构应当依据地下管线专业图等有关的地下管线工程档案资料和工程测量单位移交的城市地形图和控制成果，及时修改城市地下管线综合图，并输入城市地下管线信息系统。

第十五条 城建档案管理机构应当建立、健全科学的管理制度，依法做好地下管线工程档案的接收、整理、鉴定、统计、保管、利用和保密工作。

第十六条 城建档案管理机构应当建立地下管线工程档案资料的使用制度，积极开发地下管线工程档案资源，为城市规划、建设和管理提供服务。

第十七条 建设单位违反本办法规定，未移交地下管线工程档案的，由建设主管部门责令改正，处1万元以上10万元以下的罚款；对单位直接负责的主管人员和其他直接责任人员，处单位罚款数额5%以上10%以下的罚款；因建设单位未移交地下管线工程档案，造成施工单位在施工中损坏地下管线的，建设单位依法承担相应的责任。

第十八条 地下管线专业管理单位违反本办法规定，未移交地下管线工程档案的，由建设主管部门责令改正，处1万元以下的罚款；因地下管线专业管理单位未移交地下管线工程档案，造成施工单位在施工中损坏地下管线的，地下管线专业管理单位依法承担相应的责任。

第十九条 建设单位和施工单位未按照规定查询和取得施工地段的地下管线资料而擅自组织施工,损坏地下管线给他人造成损失的,依法承担赔偿责任。

第二十条 工程测量单位未按照规定提供准确的地下管线测量成果,致使施工时损坏地下管线给他人造成损失的,依法承担赔偿责任。

第二十一条 城建档案管理机构因保管不善,致使档案丢失,或者因汇总管线信息资料错误致使在施工中造成损失的,依法承担赔偿责任;对有关责任人员,依法给予行政处分。

第二十二条 本办法自2005年5月1日起施行。

附录 2

城市地下空间开发利用管理规定

(1997年10月27日建设部令第58号发布，根据2001年11月20日建设部第108号令《建设部关于修改〈城市地下空间开发利用管理规定〉的决定》修正)

第一章 总 则

第一条 为了加强对城市地下空间开发利用的管理，合理开发城市地下空间资源，适应城市现代化和城市可持续发展建设的需要，依据《中华人民共和国城市规划法》及有关法律、法规，制定本规定。

第二条 编制城市地下空间规划，对城市规划区范围内的地下空间进行开发利用，必须遵守本规定。

本规定所称的城市地下空间，是指城市规划区内地表以下的空间。

第三条 城市地下空间的开发利用应贯彻统一规划、综合开发、合理利用、依法管理的原则，坚持社会效益、经济效益和环境效益相结合，考虑防灾和人民防空等需要。

第四条 国务院建设行政主管部门负责全国城市地下空间的开发利用管理工作。

省、自治区人民政府建设行政主管部门负责本行政区域内城市地下空间的开发利用管理工作。

直辖市、市、县人民政府建设行政主管部门和城市规划行政主管部门按照职责分工，负责本行政区域内城市地下空间的开发利用管理工作。

第二章 城市地下空间的规划

第五条 城市地下空间规划是城市规划的重要组成部分。各级人民政府在组织编制城市总体规划时,应根据城市发展的需要,编制城市地下空间开发利用规划。

各级人民政府在编制城市详细规划时,应当依据城市地下空间开发利用规划对城市地下空间开发利用作出具体规定。

第六条 城市地下空间开发利用规划的主要内容包括:地下空间现状及发展预测,地下空间开发战略,开发层次、内容、期限,规模与布局,以及地下空间开发实施步骤等。

第七条 城市地下空间的规划编制应注意保护和改善城市的生态环境,科学预测城市发展的需要,坚持因地制宜,远近兼顾,全面规划,分步实施,使城市地下空间的开发利用同国家和地方的经济技术发展水平相适应。城市地下空间规划应实行竖向分层立体综合开发,横向相关空间互相连通,地面建筑与地下工程协调配合。

第八条 编制城市地下空间规划必备的城市勘察、测量、水文、地质等资料应当符合国家有关规定。承担编制任务的单位,应当符合国家规定的资质要求。

第九条 城市地下空间规划作为城市规划的组成部分,依据《城市规划法》的规定进行审批和调整。

城市地下空间建设规划由城市人民政府城市规划行政主管部门负责审查后,报城市人民政府批准。

城市地下空间规划需要变更的,须经原批准机关审批。

第三章 城市地下空间的工程建设

第十条 城市地下空间的工程建设必须符合城市地下空间规划,服从规划管理。

第十一条 附着地面建筑进行地下工程建设，应随地面建筑一并向城市规划行政主管部门申请办理选址意见书、建设用地规划许可证、建设工程规划许可证。

第十二条 独立开发的地下交通、商业、仓储、能源、通讯、管线、人防工程等设施，应持有关批准文件、技术资料，依据《城市规划法》的有关规定，向城市规划行政主管部门申请办理选址意见书、建设用地规划许可证、建设工程规划许可证。

第十三条 建设单位或者个人在取得建设工程规划许可证和其他有关批准文件后，方可向建设行政主管部门申请办理建设工程施工许可证。

第十四条 地下工程建设应符合国家有关规定、标准和规范。

第十五条 地下工程的勘察设计，应由具备相应资质的勘察设计单位承担。

第十六条 地下工程设计应满足地下空间对环境、安全和设施运行、维护等方面的使用要求，使用功能与出入口设计应与地面建设相协调。

第十七条 地下工程的设计文件应当按照国家有关规定进行设计审查。

第十八条 地下工程的施工应由具备相应资质的施工单位承担，确保工程质量。

第十九条 地下工程必须按照设计图纸进行施工。施工单位认为有必要改变设计方案的，应由原设计单位进行修改，建设单位应重新办理审批手续。

第二十条 地下工程的施工，应尽量避免因施工干扰城市正常的交通和生活秩序，不得破坏现有建筑物，对临时损坏的地表地貌应及时恢复。

第二十一条 地下工程施工应当推行工程监理制度。

第二十二条 地下工程的专用设备、器材的定型、生产应当执行国家统一标准。

第二十三条 地下工程竣工后，建设单位应当组织设计、施工、工程监理等有关单位进行竣工验收，经验收合格的方可交付使用。

建设单位应当自竣工验收合格之日起15日内，将建设工程竣工验收报告和规划、公安消防、环保等部门出具的认可文件或者准许使用文件报建设行政主管部门或者其他有关部门备案，并及时向建设行政主管部门或者其他有关部门移交建设项目档案。

第四章 城市地下空间的工程管理

第二十四条 城市地下工程由开发利用的建设单位或者使用单位进行管理，并接受建设行政主管部门的监督检查。

第二十五条 地下工程应本着"谁投资、谁所有、谁受益、谁维护"的原则，允许建设单位对其投资开发建设的地下工程自营或者依法进行转让、租赁。

第二十六条 建设单位或者使用单位应加强地下空间开发利用工程的使用管理，做好工程的维护管理和设施维修、更新，并建立健全维护管理制度和工程维修档案，确保工程、设备处于良好状态。

第二十七条 建设单位或者使用单位应当建立健全地下工程的使用安全责任制度，采取可行的措施，防范发生火灾、水灾、爆炸及危害人身健康的各种污染。

第二十八条 建设单位或者使用单位在使用或者装饰装修中不得擅自改变地下工程的结构设计，需改变原结构设计的，应当由具备相应资质的设计单位设计，并按照规定重新办理审批手续。

第二十九条 平战结合的地下工程，平时由建设或者使用单位进行管理，并应保证战时能迅速提供有关部门和单位。

第五章　罚　　则

第三十条 进行城市地下空间的开发建设，违反城市地下空间的规划及法定实施管理程序规定的，由县级以上人民政府城市规划行政主管部门依法处罚。

第三十一条 有下列行为之一的，县级以上人民政府建设行政主管部门根据有关法律、法规处罚。

（一）未领取建设工程施工许可证擅自开工，进行地下工程建设的；

（二）设计文件未按照规定进行设计审查，擅自施工的；

（三）不按照工程设计图纸进行施工的；

（四）在使用或者装饰装修中擅自改变地下工程结构设计的；

（五）地下工程的专用设备、器材的定型、生产未执行国家统一标准的。

第三十二条 在城市地下空间的开发利用管理工作中，建设行政主管部门和城市规划行政主管部门工作人员玩忽职守、滥用职权、徇私舞弊，依法给予行政处分；构成犯罪的，依法追究刑事责任。

第六章　附　　则

第三十三条 省、自治区人民政府建设行政主管部门、直辖市人民政府建设行政主管部门和城市规划行政主管部门可根据本规定制定实施办法。

第三十四条 本规定由国务院建设行政主管部门负责解释。

第三十五条 本规定自1997年12月1日起施行

附录 3

城市建设档案管理规定

（1997年12月23日建设部令第61号发布，根据2001年7月4日建设部第90号令《建设部发布关于修改〈城市建设档案管理规定〉的决定》修正）

第一条 为了加强城市建设档案（以下简称城建档案）管理，充分发挥城建档案在城市规划、建设、管理中的作用，根据《中华人民共和国档案法》、《中华人民共和国城市规划法》、《建设工程质量管理条例》、《科学技术档案工作条例》，制定本规定。

第二条 本规定适用于城市内（包括城市各类开发区）的城建档案的管理。

本规定所称城建档案，是指在城市规划、建设及其管理活动中直接形成的对国家和社会具有保存价值的文字、图纸、图表、声像等各种载体的文件材料。

第三条 国务院建设行政主管部门负责全国城建档案管理工作，业务上受国家档案部门的监督、指导。

县级以上地方人民政府建设行政主管部门负责本行政区域内的城建档案管理工作，业务上受同级档案部门的监督、指导。

城市的建设行政主管部门应当设置城建档案工作管理机构或者配备城建档案管理人员，负责全市城建档案工作。城市的建设行政主管部门也可以委托城建档案馆负责城建档案工作的日常管理工作。

第四条 城建档案馆的建设资金按照国家或者地方的有关规定，采取多种渠道解决。城建档案馆的设计应当符合档案馆建筑设计规范要求。城建档案的管理应当逐步采用新技术，实现管理现代化。

第五条 城建档案馆重点管理下列档案资料：

（一）各类城市建设工程档案；

1. 工业、民用建筑工程;
2. 市政基础设施工程;
3. 公用基础设施工程;
4. 交通基础设施工程;
5. 园林建设、风景名胜建设工程;
6. 市容环境卫生设施建设工程;
7. 城市防洪、抗震、人防工程;
8. 军事工程档案资料中,除军事禁区和军事管理区以外的穿越市区的地下管线走向和有关隐蔽工程的位置图。

(二) 建设系统各专业管理部门(包括城市规划、勘测、设计、施工、监理、园林、风景名胜、环卫、市政、公用、房地产管理、人防等部门)形成的业务管理和业务技术档案。

(三) 有关城市规划、建设及其管理的方针、政策、法规、计划方面的文件、科学研究成果和城市历史、自然、经济等方面的基础资料。

第六条 建设单位应当在工程竣工验收后三个月内,向城建档案馆报送一套符合规定的建设工程档案。凡建设工程档案不齐全的,应当限期补充。

停建、缓建工程的档案,暂由建设单位保管。

撤销单位的建设工程档案,应当向上级主管机关或者城建档案馆移交。

第七条 对改建、扩建和重要部位维修的工程,建设单位应当组织设计、施工单位据实修改、补充和完善原建设工程档案。凡结构和平面布置等改变的,应当重新编制建设工程档案,并在工程竣工后三个月内向城建档案馆报送。

第八条 列入城建档案馆档案接收范围的工程,建设单位在组织竣工验收前,应当提请城建档案管理机构对工程档案进行预验收。预验收合格后,由城建档案管理机构出具工程档案认可文件。

第九条 建设单位在取得工程档案认可文件后,方可组织工程竣工验收。建设行政主管部门在办理竣工验收备案时，应当查验工程档案认可文件。

第十条 建设系统各专业管理部门形成的业务管理和业务技术档案，凡具有永久保存价值的，在本单位保管使用一至五年后，按本规定全部向城建档案馆移交。有长期保存价值的档案，由城建档案馆根据城市建设的需要选择接收。

城市地下管线普查和补测补绘形成的地下管线档案应当在普查、测绘结束后三个月内接收进馆。地下管线专业管理单位每年应当向城建档案馆报送更改、报废、漏测部分的管线现状图和资料。

房地产权属档案的管理，由国务院建设行政主管部门另行规定。

第十一条 城建档案馆对接收的档案应当及时登记、整理，编制检索工具。做好档案的保管、保护工作，对破损或者变质的档案应当及时抢救。特别重要的城建档案应当采取有效措施，确保其安全无损。

城建档案馆应当积极开发档案信息资源，并按照国家的有关规定，向社会提供服务。

第十二条 建设行政主管部门对在城建档案工作中做出显著成绩的单位和个人，应当给予表彰和奖励。

第十三条 违反本规定有下列行为之一的，由建设行政主管部门对直接负责的主管人员或者其他直接责任人员依法给予行政处分；构成犯罪的，由司法机关依法追究刑事责任：

（一）无故延期或者不按照规定归档、报送的；

（二）涂改、伪造档案的；

（三）档案工作人员玩忽职守，造成档案损失的。

第十四条 建设工程竣工验收后，建设单位未按照本规定移交建设工程档案的，依照《建设工程质量管理条例》的规定处罚。

第十五条 省、自治区、直辖市人民政府建设行政主管部门可以根据本规定制定实施细则。

第十六条 本规定由国务院建设行政主管部门负责解释。

第十七条 本规定自1998年1月1日起施行。以前发布的有关规定与本规定不符的，按本规定执行。

主要参考文献

1 《城市地下管线探测技术手册》编写委员会.城市地下管线探测技术手册.北京：中国建筑工业出版社，1998
2 周健民，姜中桥编著.城市建设档案著录原理与示例.北京：中国建筑工业出版社，2005
3 苏文.工程文件与工程档案.北京：中国建筑工业出版社，2005
4 CJJ 8—99.城市测量规范
5 CJJ 61—2003.城市地下管线探测技术规程
6 阎正等.城市地理信息系统标准化指南.北京：科学出版社，1999
7 郝力等.城市地理信息系统及应用.北京：电子工业出版社 2002
8 张新长等.城市地理信息系统.北京：科学出版社，2001
9 张正禄.工程测量学.武汉：武汉大学出版社，2005